Stephen Turnbull

著者简介 斯蒂芬·特恩布尔

英国利兹大学名誉讲师、英国伦敦大学亚非学院研究助理、日本国际教养大学客座教授，中古欧洲和远东军事史专家。著有《武士传奇》《最后的武士》《文艺复兴时期的战争艺术》等。

译者简介 江川

现从事程序开发工作，业余从事翻译，热衷探索不同领域，从研究如何种植蘑菇到学习如何阅读代码，万物皆是趣味。

后浪出版公司

[英]
斯蒂芬·特恩布尔 著
Stephen Turnbull

江川 译

中国·广州

日本地图

本图所示为忍者圣地伊贺以及与其毗邻的甲贺，还有京都、奈良，以及从京都到将军之都江户的东海道

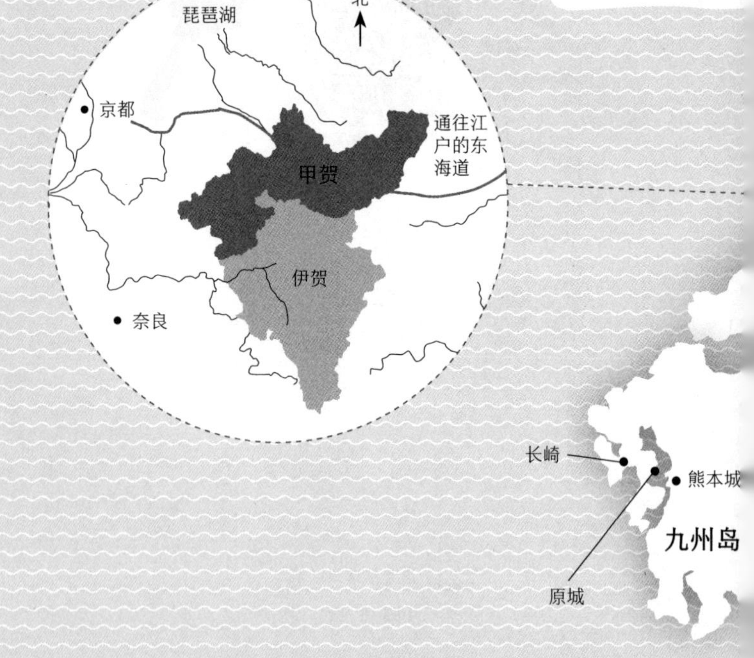

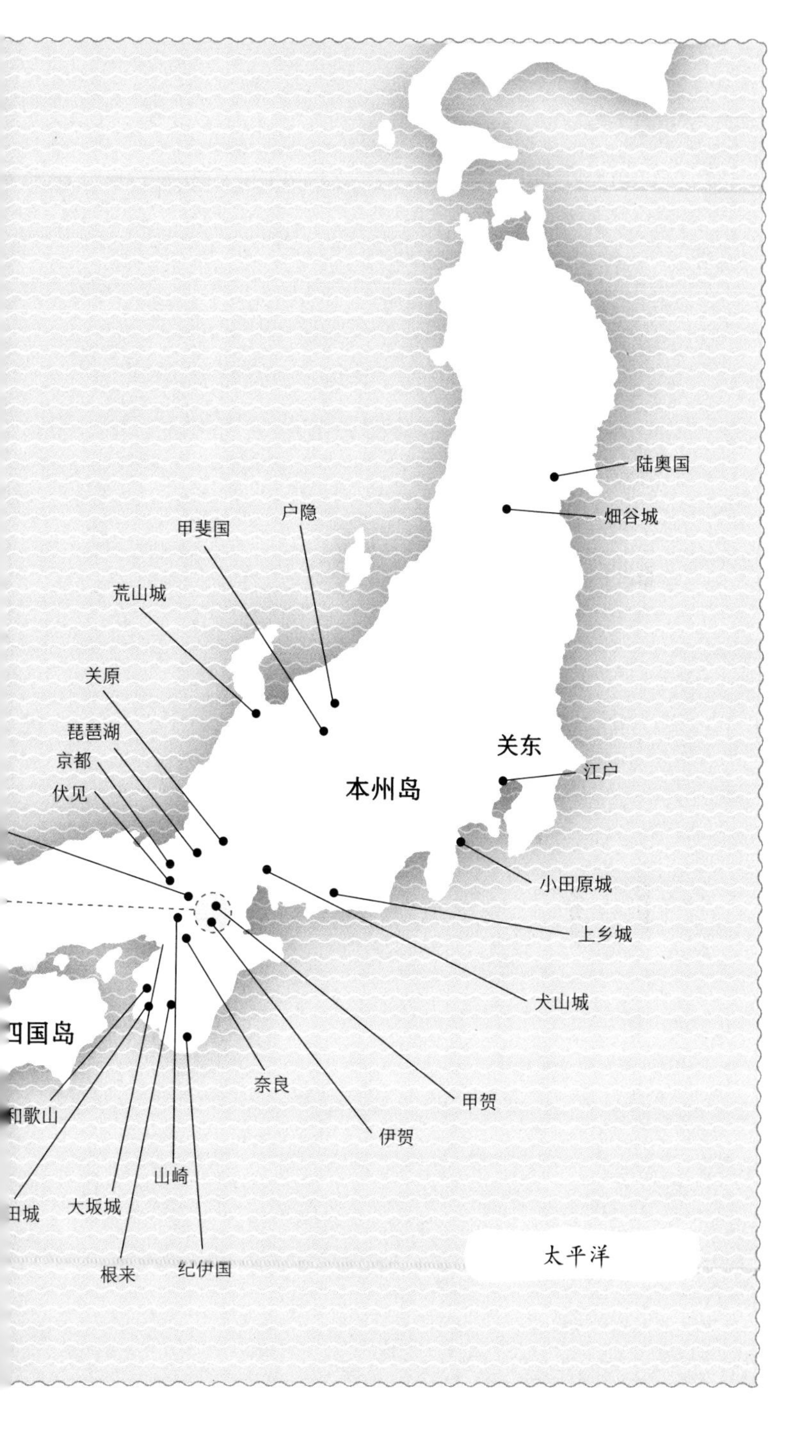
陆奥国
畑谷城
户隐
甲斐国
荒山城
关原
琵琶湖
京都
伏见
关东
江户
本州岛
小田原城
上乡城
犬山城
四国岛
奈良
甲贺
和歌山
伊贺
山崎
田城
大坂城
根来
纪伊国
太平洋

目　录

英文版译者说明

《忍者》——原书名为《忍び秘宝館》(《忍者秘宝馆》)——是成书于德川时代(1603—1867年)头两个世纪的一系列忍术书中的最后，也有人说是最好的一部。这些忍术书声称以文字形式记录了忍术的秘密。所谓“忍术”是指秘密战士忍者的神秘技艺。本书的作者据说是伊贺流的一位无名忍者大师，“伊贺流”这个名字源自他的家乡伊贺(位于今日本三重县)，据说所有忍术都源自那里(至少这位忍者大师是这么认为的)，因此整部作品可能都带有当地的偏见。

这位无名作者生活在第十一代将军德川家齐统治时期(1787—1837年)。其间，日本的锁国状态受到挑战，俄国和美国的船只侵入日本海域，偏执和怀疑很快成了日本人生活的一部分。这就是幕府将军在1789年命人编写这部《忍者秘宝馆》的原因。这是一本用来训练保卫这个国家的忍者的绝密教科书，在权威性和全面性上无与伦比。

除了情有可原的对伊贺流的夸大，《忍者秘宝馆》还包含了一些错误(只有该领域的专家才可能发现)，幸好我在翻译时已经注意到了它们。这些错误在很大程度上应归咎于配有精美插图的第一版不幸丢失后，大师的弟子们仓促编写了第二版。这一令人遗憾的状况之所以发生，是因为忍者大师坚持认为《忍者秘宝馆》的每处细节都应保持最高水准，这样才配得上献给伟大的将军。墨汁选用的是上等的中国墨，卷轴的每一节都用金叶装饰，再用染成靛蓝色的丝线捆扎。这种靛蓝色染料极为稀有，本来只能用于给将军的袜子染色（在其他情况下使用这种染料的人会被处以极刑）。这些材料价格不菲。大师犯下的唯一错误与这本伟大著作的用纸有关，这完全是由一个国际误会引起的。

当时（江户时代）日本与欧洲的唯一联系是位于长崎湾的人工岛出岛上的荷兰商馆。作为日常调查任务的一部分，大师派忍者去长崎监视荷兰商人。忍者从荷兰商馆带回大量情报，其中包括一件这样的逸闻——欧洲人习惯将最重要的公文写在羊皮上。大师不知道所谓的“羊皮”只是泛指高质量的纸张，于是派人从东南亚购入一群山羊，打算将《忍者秘宝馆》写在山羊皮上。后来他才发现，其实普通的桑叶纸就足够了，这位反对杀生的虔诚佛教徒便决定把这些山羊当宠物来养。不幸的是，山羊很喜欢吃桑叶纸。就在卷轴将上呈将军的三天前，一只山羊闯入屋中，把这份珍贵的卷轴吃得一干二净，包括金叶和丝线。

大师万分羞愧，陷入极度抑郁之中，无人能令他打起精神。由于担心整个领地可能因此被没收，他的弟子们立即行动起来，利用大师留下的粗略的笔记、更早的忍术书（这些书是他们

两名忍者躲在暗处，准备执行针对一名反叛大名的间谍任务。他们身着黑衣，蒙面，以隐藏自己的身份。这是所谓的“阴忍忍术”，忍者隐匿自己的行踪，不让任何人察觉

迅速收集来的），以及他们自己生动的想象，尽其所能完成了这部《忍者秘宝馆》。他们的成果非常显著。这部花了十天时间完成的作品令将军心满意足，他们的领地得以保全，江户城的忍者拿到了他们的卷轴——连同上面的错误。《忍者秘宝馆》本来是通过手抄本的方式流传于世的，但到了1853年，美国海军准将马修·佩里的到来使日本陷入混乱，幕府匆匆制作了一套带插图

的木版《忍者秘宝馆》，打算用其来保卫国家。但当1854年佩里再次前来并要求日本在贸易方面做出让步时，人们很快就意识到，古老的忍术在西方的坚船利炮面前毫无用处。《忍者秘宝馆》的出版因此陷于停滞，这部作品依旧不为人知。1789年的原版卷轴毁于1891年的一场大火之中，目前仅有一套木版印刷本流传了下来。它被收藏在奈良县立图书馆，本译本的底本正是这个版本。尽管存在着不准确之处，但《忍者秘宝馆》仍然称得上忍者和忍术方面的权威著作，正如创作它的大师所期望的那样。

前　言

我以第十一代征夷大将军之名，授予你这部由受人敬仰的伊贺流忍者大师撰写的忍法卷轴，我曾将培养护国忍者之大任托付于他。

全赖德川家列祖列宗与东照神君保佑，神国当前国泰民安，政通人和。纵然如此，我们决不能自满懈怠。就在去年，京都的一场大火烧毁了御所，这是上天的警示，提醒我们不能松懈怠惰。

火灾、地震不过是癣疥之疾，内外敌人才是心腹大患。制敌于未动，防患于未然，这些都要仰仗伊贺忍者的才能。伊贺忍者武艺高强，神出鬼没，四处打探情报，为守御江户城立下了汗马功劳。

这部珍贵的忍术卷轴是专为那些有意学习伊贺忍术，有志为德川家效劳的人而写。

你已被选中加入他们的行列，不过务必小心，不要将这份珍贵卷轴的内容泄露给江户的寻常百姓。本秘卷只有你一人可见，如有叛徒胆敢透露其中的只言片语，他将生不如死。

愿神佛保佑！

德川家斉

征夷大将军　德川家齐

宽政元年五月一日

1
何为忍者

何为忍者

忍者是一群神秘的人。他们精通武术和忍术，擅长搜集情报、渗透、破坏。他们在这些方面的能力无人可及。忍者身着黑色遮面的忍者服，衣服下藏着许多独门暗器。忍者是伪装的大师、欺骗的高手，擅长观察，强于爆破，长于诅咒，精于医术，能够操纵只有少数人知晓的精巧装置。忍术由伊贺流的忍者大师们传授，忍者大师只会将自己的学问传授给最受信任、最优秀的弟子。[①]

你具备成为这样一名顶级战士的资质吗？在回答这个问题之前，请先静下心来好好想想下面这段话：

① 英文版译者注：伊贺流并不是唯一的忍者流派，但是正如本书后面将会提到的，编写本书的忍者大师对其他流派不屑一顾。

在那些无知之人看来，“忍者”一词只是营造了一个既令人兴奋又让人陶醉其中的世界。很多人被神秘的忍术吸引，但仅有少数人能够正确地修行忍术。要成为一名忍者，你首先要证明自己配得上忍者之名。忍者任务繁重，潜心研读这部卷轴将对你大有裨益。它会让你明白如何成为一名忍者，在这方面没有能够与之相提并论的书了。以前曾有过各种忍术书，如《万川集海》《正忍记》《忍秘传》等。我必须承认，这些古老的典籍确实有用，但现在的这部《忍者秘宝馆》纠正了上述忍术书中包含的大量错误，可以让渴望成为忍者的年轻人了解忍者真正的智慧和学问。

忍者的形象极富吸引力，就像上图中这名将敌人击倒在地的卓越的秘密战士一样。有些人可能只是因为这一点就萌生了成为忍者的念头。但仅仅是穿上黑色忍者服与人格斗，还远远不能使你成为一名真正的忍者

当你读到“更高深的忍者技艺只能口授”时请不要失望，这指的是你在江户城的个人训练，你将从像我一样的忍者大师那里学到不允许用文字记录下来的秘密技艺。遗憾的是，并非所有阅读这部卷轴的人都是值得信赖的忍者，所以忍术奥义只有在你证明自己的价值之后才能传授给你。

你可能注意到了，我选择以西洋人的纪年方式来记录所有日期，比如今年是宽政元年，也是鸡年，我则直接使用“1789 年”。我为什么要做如此粗鲁之事呢？因为现在这些来自欧洲的外夷对将军的仁慈统治构成了前所未有的威胁，忍者应尽可能适应他们粗鄙的习俗，这样才能为日后前往他们在菲律宾、中国澳门或香料群岛的据点做好准备。

了解你的敌人！这是忍者的第一准则。

“忍者”一词的含义

那么，你适合成为忍者吗？判断你是否适合成为忍者，首先要看你如何理解“忍者”这个词。“忍者”当然是由两个汉字“忍”和“者”组成。由于我们的日语博大精深，“忍者”既可以读作“ninja”，也可以读作“shinobi no mono”，这就是为什么你可能经常听到忍者被称为“shinobi”（忍び）。就我个人而言，我更喜欢读作“ninja”。它的发音更简单，也更加符合对我们影响极深的伟大的中华文化的传统。我稍后会告诉你更多关于中华文化的故事。

第二个字“者”只是用来表示做某件事的人，但第一个字“忍”的内涵要丰富得多。下面我们来看看这个字的构成吧。

“忍”字上“刃”下“心”，这提醒我们，忍者常常需要以身犯险

你可以看到，它由两个独立的汉字“刃”和“心”组成，“刃”在“心”上，对吧？记住这点，它很重要。仔细想想它所呈现的形象：一把锋利的刀悬在赋予你生命和你最珍视的东西上面！这对任何人都是一种挑战。

这两个汉字合在一起就构成了一个新的复合文字“忍”。但是你知道“忍”字其实有两个意思吗？多数人可能知道，“忍”有“隐”的含义，忍者就是“从事秘密活动的人”，但“忍”也可以用来表示忍耐、耐心、坚韧等品质。这些都是成为一名忍者必备的素质，所以我们也必须把忍者看作坚韧之人，能够承受苦难，忍受痛苦和不适，能够在逆境中求存。

按照相同的思路，因为“术”字有技术、技能之义，所以

“忍术”可以被理解为暗中活动的技能或忍耐的能力。所有拥有远大抱负的忍者既要学会如何忍受巨大的痛苦，也要学习如何爬入大名的居城。忍者必须学会如何靠少量食物维系生命，必须学会如何在寒冷的暴风雨中入睡，必须能够勇敢地面对死亡。

你具备这些品质吗？你能忍受刀悬心上的生活吗？如果你的回答是“能”，那么你有可能成为一名忍者。

抱歉，我们不是刺客

我们已经明白了忍者的字面含义，接下来我说说忍者都做些什么。我已经说过，忍者的任务包括谍报和渗透。换句话说，我们从敌人那里收集情报，同时又要在敌人当中制造混乱。我们已经开发了许多技能，它们能帮助我们潜入防守严密的据点，在完成任务后顺利逃脱，并将我们获取的重要情报报告给上级。作为忍者，我们需要学习大量技能和知识，它们正是几个世纪以来忍者一直令外人同时感到惧怕和钦佩的原因。

不过，也有人认为忍者不过是受雇的刺客。“你说忍者？他们不就是到处杀人的杀手吗?”有时忍者的行动确实会造成死亡，这的确令人惋惜。但是，如果忍者的工作做得足够好，那么战场上的伤亡人数就会大大降低，因为敌军的战斗力已被大幅削弱了。

真正的忍者不会接受暗杀任务。但不幸的是，日本历史上确曾发生过一些可能引起误会的事件，比如刺客趁夜色（而且穿着黑衣服！）爬进某位声名显赫的官员的宅邸，暗杀了他。寻常百姓和一些无知的人会认为这些罪行是忍者犯下的。但请注意，它们通常是受害者的熟人采取的个人报复行动，而不是我们光荣的忍者组织的成员犯下的。

刺客的故事深深影响了人们对忍者的看法。这幅画画的是年轻的英雄熊若为死去的主人复仇的场景。他像任何一名忍者一样聪明，懂得利用竹子的弹性逃跑。但是你当然知道，忍者不是受雇的刺客

2

忍者与你

✦

你适合做忍者吗？

既然现在你已经大致了解了忍者，那就让我们回到你是否适合成为忍者这个问题上。我们必须先谈谈出身这个庸俗的话题。虽然我相信通过正确的训练，任何人都能成为忍者，但事实上能否成为忍者在很大程度上取决于你的出身，身份制度是将军为统治我们的国家施行的仁政之一。

第一类：为什么武士可以成为忍者，以及武士怎样才能成为忍者

首先，请允许我对身份高贵的武士说两句。唯有武士享有称姓佩刀的特权，这两把刀象征着武士的地位和武艺。你的祖先在战场上英勇杀敌，赢得了巨大的荣誉，现在你竟然想放弃这些荣

誉，成为一名忍者?！

我能想象得到，听到这句话时你一定觉得困惑。你听说过忍者是至高的战士，他们训练有素，无所畏惧，精通武器。事实上，这些也是武士追求的。然而，武士和忍者有一个很大的区别——你的祖先的战斗是公开的，他们的功绩得到了回报，他们的名字被人们牢记，他们的事迹代代相传。

两名忍者正站在护城河旁谋划如何入城。他们手里拿着可以用来攀爬城墙的钩绳。注意，有人正在偷听他们的计划！当心！

作为忍者，你的行动将永远不会被人知晓，因此你的名字既不会出现在军记物语中，也不会被歌人传颂。作为忍者，你必须秘密执行任务，而且即便在成功完成任务许久之后，你仍然不得不保守秘密。人们可能会说:“你还记得我们因为敌城突然着火而赢得的那场战斗吗?”只有你和你的主人知道真相——爬上城墙、烧掉敌城的人正是你!任务成功后,你会得到一袋金币作为奖励,但这是否值得让你永远闭口不提自己的英雄事迹呢?

问题:没有人会知道你到底有多勇敢,你能接受得了这一点吗?

如果你的答案是肯定的,那么你有可能成为一名忍者。

你是否也意识到了,作为忍者,你在执行任务时需要伪装。你不能像武士一样穿上好的丝衣,腰挎两把武士刀。相反,你得伪装成行商、游方僧人或者农民。这是因为你的主要工作是收集情报,若想获得重要情报,有时你必须与村民生活在一起。为此,你必须模仿他们的生活方式,甚至还要养成某些你可能觉得难以忍受的习惯。路过的武士看到你可能会嗤之以鼻,然后把你踹到阴沟里去。

问题:你能忍受一个本来与你身份平等的人,仅仅因为不知道你的出身实际上同他一样高贵而蔑视你、苛待你吗?

如果你的答案是肯定的,那么你有可能成为一名忍者。

再想象一下当你离开这个世界“升天”的那一刻。你一直渴望的理想死亡是怎样的？是在胜利无望之时战死沙场吗？是在弹尽粮绝之际光荣切腹吗？这些都不是忍者的死法！你必须不惜一切代价将获得的情报交给你的主人，所以你不能选择战斗，更不能像武士那样结束自己的生命。你必须尽全力逃跑！而你的战友自然会因此将你视为懦夫。

忍者必须带回获取的重要情报，这一点再怎么强调都不为过。与这位高贵的武士不同，忍者不能选择切腹，而是必须尽全力逃跑

问题：你想到过可能被称为懦夫吗？而且战斗很可能正是因为你传递的情报而获胜的。

如果你的答案是肯定的，那么你可以成为一名忍者。

第二类：为什么“贱民”可以成为忍者

现在让我对社会底层说几句。当然，我这里说的社会底层不是指种水稻的农民，我们的生活全赖他们的辛勤劳动，也不是指从事至关重要的交易活动的商人、制作精美物品让我们的生活更加舒适的工匠、讲笑话逗我们开心的演员或者为我们向神佛祈祷的神官和僧人。这些人不可能成为忍者。

我的话是对所谓的“贱民”（被称为“秽多”或“非人”）说的，他们由于恶行而无法在我们这个开明的社会中立足，被排除在“士农工商”之外。他们没有被将军的仁慈感化，反而堕落为从事盗窃和抢劫勾当的盗贼。一旦被抓到，他们的命运实在太悲惨了！他们会被刺字，关入大牢，甚至被处以磔刑（绑在交叉的木架上用长枪刺穿身体的刑罚）。他们实在可悲！然而由于天意，这些可悲之人拥有某些——应受到谴责的——技艺和才能，这些技艺和才能经过适当的训练可以转化为有用的技能，使他们能够以忍者的身份为将军效力。

你很可能是那些“贱民”中的一员。

问题：你会溜门撬锁吗？

如果你的答案是肯定的，那么你有可能成为一名忍者。

请注意！和高贵的武士不同，没有人会知道你做了什么。一袋硬币是你能得到的唯一奖励，如果你在忍者生涯结束后不幸再次误入歧途，那么当你接受审判时，不要以为曾经的忍者身份会减轻你的处罚。当你即将被处以磔刑，或被扔进装满沸水的大锅里时，“我曾经是忍者”的说辞不会为你赢得丝毫的同情，因为没有人会相信你，你也没有证据证明这一点。

问题：你能忍受在没有人知道你是真正的英雄的情况下被当作犯人处决吗?

如果你的答案是肯定的，那么你有可能成为一名忍者。

不过还有另外一种可能：你的主人对你很满意，因此赦免了你先前的所有罪行。你作为忍者的职业生涯将更加耀眼。你甚至可能变得非常有价值，非常成功，被忍者大师看中，得到他亲传的忍术卷轴，最终成为和他一样的忍者大师！然而，你的出身永远无法被改变，也不可能被抹去，因为出身完全由无情的天意决定。只有你和你的师傅才知道你卑微的出身。

问题：如果你实际上出身低微，你能否面对这样的荣誉?

如果你的答案是肯定的，那么你有可能成为一名忍者。

在回答上述所有与你的出身有关的问题时，你是否都给出了肯定的回答？如果是，这本书正适合你。

女忍者？有何不可

我不希望因为使用代名词“他”而给读者留下女性不能成为忍者的印象。事实上，日本历史上一些最伟大的忍者壮举就是由女性完成的。女忍者通常被称为“くノ一”（读作“kunoichi”，它们合在一起就是汉字的“女”字）。她们和男忍者一样强壮敏捷，可以和任何敌人交手，所以没有理由禁止女性去完成攀爬城墙、破坏敌人设施的任务。望月千代女就是杰出女忍的典范。她最令人钦佩的一点是，人们对她几乎一无所知。我们不知道她到底是谁，也不知道她到底做过什么。这才是真正的忍者！

在秘密收集情报方面，女忍通常比男忍更优秀，因为她们能乔装成艺伎，可以轻而易举地接近敌方大名。我希望本书尽可能公允，因此在阅读后面的章节时请记住，并非只有男性可以从事秘密行动！

和男忍一样，女忍也经常需要以身犯险，而且处境可能比男忍更加危险，因为她们有时比男忍更需要接近目标人物。在上图中，一名女忍正乔装成弹奏十三弦筝的宫廷乐伎

“忍者根本不存在！”以及其他有用的日常用语

保守忍者秘密最好的办法就是否认忍者的存在，这也是确保你的身份不被暴露并且保护自身安全的最佳方式。如果每个人都认为忍者是不存在的，那么他们又怎么会想到你其实是一名忍者呢？不幸的是，过去流传着许多关于拥有高超忍术的忍者的传说，而你出现在江户城之事可能很快就会引起怀疑，一些讨厌的人可能会来问你。下面这些实用的问答可以打消他们的疑虑。

问:“忍者存在吗?”

答:“不存在。”

问:“那你到底在江户城做什么呢?”

答:“我是一名警卫。这工作太无聊了,你不会感兴趣的。”

问:“你为什么穿着黑衣?”

答:“黑色耐脏,我可没钱买什么衣服。”

问:“武士刀都是弯的,你的刀为什么是直的?”

答:“唉,现在的铁匠,什么都做不好。”

问:“前几天我看见你翻墙入城了,是吧?”

答:“是的,我去看歌舞伎表演,还喝醉了酒,请你别告诉别人。”

问:“你口袋里露出来的那个星星形状的东西是什么?”

答:“作为一名虔诚的佛教徒,我实在不忍心看到动物受苦。你见过被石头卡住马蹄的马吧。我就是用这个刀片把石头取出来的,这么做不会给马造成任何痛苦。你问其他刀片是干什么的?这个刀片实际是一把刀。这个嘛,这也是一把刀,那个也是……那个也是。是的,我知道,揣着这些东西实在太愚蠢了。幸亏我不是什么忍者,要不然我可惨了。”

3

忍者秘史

忍者拥有悠久而辉煌的历史，你有必要了解忍者的历史以及过去的忍者取得过哪些成就。忍者的大部分历史都是保密的，以后也不会公开，不过我会在这里告诉你一些此前无人提到过的前辈高人。让我们从遥远的古代中国说起。

忍者的中国祖先

自远古时代起，日本就从中国那里学到了很多东西，比如佛教、为政之道、赏樱和茶道——以及关于忍者和忍术的知识。许多个世纪以前，一位名为孙子的智者写了一部《孙子兵法》。王公贵族原本希望通过这本书来学习车战和野战的技巧，但这本书其实是要告诫人们，在真正与敌人交战之前就应该做好万全的准备。孙子认为，明智的将军首先应设法使敌人的士气低落，在敌人的士气低落之前，不应鲁莽行事。

忍者的祖先是中国古代从事秘密活动的勇士，上图中的晋国人豫让就是其中之一。他是智伯瑶的家臣，多次尝试为其报仇，最后伏剑自杀

孙子这个看似古怪的想法到底是什么意思呢?

他的意思是，如果敌人在交战前已经陷入混乱，那么将领就可以轻而易举地取得战场上的胜利。事实上，最优秀的将领甚至在打算发动战争之前，就会先派间谍潜入敌营完成这项工作。执行这些秘密任务的人就是现在所说的忍者。他们会以各种方式潜入敌人内部并大肆破坏。有时如果忍者能够成功完成任务，战争甚至都变得毫无必要，因为敌军既然已经陷于混乱，那么另一方就可以轻松闯入敌营制伏敌军，不会损失一兵一卒。

忍者最初扮演的是间谍的角色，负责收集与敌人动向相关的情报，这样将军就能对敌人的计划了如指掌。每一件事，从粮食的收成到国君的受欢迎程度，都对了解敌人及其国家至关重要。与此同时，收集情报的间谍也会散布谣言，比如夸大本方的兵力或者谎称敌军内部出了叛徒，在敌军中播下怀疑和恐惧的种子。如果离间成功，敌国国君甚至可能除掉手下最忠诚的将领。一旦真的打起仗来，身处敌营的间谍会转移到其他地方继续执行其他秘密任务，如干扰和破坏等。

孙子称这些间谍为“间”。这是一个有趣的称呼，因为这个字的本意是指不和或两个事物之间的空隙，这正是间谍成功使敌人分裂之后的结果。孙子将间谍分为五类——因间、内间、反间、死间、生间。

因间是当地的间谍，指的是临时雇用当地居民（通常是村民），让他们充当自己的眼线。由于他们没有受过训练或不敢冒险，因此作用远不及专门的间谍。

内间是打入敌军内部的间谍，有时会直接从敌人当中招募。他们通常是对方的官员，可能因为受到利诱而背叛了原先的主人。诱使他们叛变的方法很多，通常是对其许下高官厚禄。他们也非常适合用来散布谣言，而且他们提供的情报十有八九比村民提供的更有价值。

反间是双面间谍。敌人以为自己的间谍带回了可靠的情报，但他们得到的其实是为制造混乱而故意编造的假消息。

死间是一个令人不寒而栗的称呼，因为他们很可能被杀。有人会故意向他们透露一些虚假情报，然后把他们送到敌营。他们很可能被发现并被处死，但他们在酷刑下泄露的假消息可能已经起了作用。

生间是活下来并送回情报的间谍，这就是早期的忍者。生间必须潜入敌营并带回宝贵情报，因此担任生间的多是机敏之人。他们有克服困难的能力和接近敌军核心人物所需的社交技巧。生间就是忍者的中国祖先，我们从他们身上学到了很多东西，并且把他们的想法用在实践中。中国的间谍就这样变成了日本的忍者。

日本历史上的忍者

在从 1467 年到 1600 年的战国时代，忍者的作用得到重视，地位大幅提升。与以仁德统治日本的高贵的德川将军不同，那时统治日本的将军来自出身较低的足利家。足利将军缺乏智慧和洞察力，因此无法有效统治国家。身为地方统治者的大名互相争斗，无能的足利将军根本不敢插手。北条家、武田家和上杉家之间的龙争虎斗几乎无人不知，而与此同时日本则逐渐陷入混乱。

日本进入被称为“战国时代”的混乱期后，就像上面这个骄傲的家伙一样的大名控制着各自的领地，公然藐视将军的权威

日本能否再次统一？这是一些实力强大的大名提出的问题，他们在战场上所向披靡，而且大量使用忍者。第一位这样的大名是织田信长。他是伟大的统帅，也是最先了解铁炮——西洋人称其为“火绳枪”——威力的人之一（铁炮于1543年从葡萄牙传入日本，不过忍者至今依然觉得只有懦夫才使用这种武器）。织田信长当时控制着日本大片土地，但因为过于残暴而被人痛恨。1582年，织田信长在京都本能寺逗留期间，他的部下明智光秀发

动叛乱，将其杀害。

织田信长的继任者是他的另一名部下丰臣秀吉，后者在本能寺之变后击败了事变主谋明智光秀。1590 年，丰臣秀吉凭借强大的军事实力统一了日本。唉！ 但是他死于 1598 年，留下一个五岁的孩子作为自己的继承人。日本再次陷入混乱，所幸伟大的德川家康出手拯救了日本。他是东照大神的化身，是德川家第一位担任尊贵的征夷大将军之职的人。他在 1600 年的关原之战中惩罚了那些挑起事端的人。考虑到五岁的统治者根本无法真正保护日本免受外敌入侵，他慷慨无私地肩负起将军的重担。德川将军们为日本带来了前所未有的太平盛世，家齐大人的统治更是盛世之巅！

织田信长是一位伟大的大名。他从 1560 年开始踏上统一日本之路，在 1582 年的本能寺之变中被杀害

丰臣秀吉在1590年成功统一了日本，但他去世后将日本留给了一个孩子。幸运的是，现在的德川幕府的创始人德川家康无私地接管了日本，恢复了日本的和谐与安宁

为什么在当今的和平年代仍然需要忍者？

上述三位伟大的人物都是利用忍者来取得胜利的。那么在当前这个由仁慈的将军统治的盛世，为什么忍者仍然是必不可少的呢？这听起来很奇怪，不是吗？忍者存在的理由是，就在我们享受着德川家为日本带来的持续了近两百年的太平盛世的同时，敌人很可能正潜伏在暗处。我们可以把这些怀有敌意或误入歧途的人分为六类。

敌人一：外样大名

1600年，当德川家康打算承担将日本从混乱中拯救出来的重任时，许多大名没能理解他的慷慨无私。这些惹是生非之徒在关原之战后受到了公正而严厉的惩罚，被移封到了日本的偏远地区。他们可以在那里发挥其作为行政管理者的特殊才能，而且最重要的是，在那里他们再也无法威胁德川家的统治。这些人被称为“外样大名”。唉！其中一些仍心怀不满的大名不时威胁要发动叛乱，因此德川家光明智地下令，这些邪恶之人的家人必须永久居住在江户。此外，外样大名本人也必须定期拜访江户城。伊贺忍者会在他们往来于领地和江户的途中严密监视他们的动向，会调查他们并向幕府的老中报告。

敌人二：其他大名

听起来匪夷所思，不过1600年支持德川家康的一些大名后来确实开始质疑他的统治是否英明，这些人明明已经因为在战场上的贡献获得了丰厚的回报。这些可笑之人的后代公然藐视幕府的法度，擅自在他们的领地做一些诸如建桥修路之类的令人不齿的事。每个正直的人都知道，便利的交通是对将军的威胁。忠诚的大名应该生活在道路失修的地方，这样才能保证国家的安全。一些原本忠诚的大名竟然因为礼仪、婚姻关系等心怀不满，甚至不愿承担公平公正的财政义务——幕府当然需要人力物力进行必要的维修。难道他们不知道维持和谐与安宁需要花钱吗？难怪幕

战国时代是伊贺忍者的全盛期，他们让人畏惧，就像这个藏在目标人物身后的幽灵般的人物一样

府要派忍者去调查他们！

敌人三：基督徒

1549年，葡萄牙将基督教传入日本，不过现在基督教已经不是什么大问题了。德川家康命令武士阶层不得再接受这些不合天意的异端邪说。虽然百姓当中仍有少数基督徒，但幕府一直对海岸严加监视，以防传教士偷渡入境，这样一来基督徒终究会从日本消失。搜寻传教士也是忍者可能接到的任务之一。不过这个任务的难度不大，因为传教士多是欧洲人，一眼就能分辨得出，当然有些时候你仍然需要花费很大气力才能找到他们。至于基督徒，忍者可能被要求突击搜查那些可能藏有十字架或圣像的可疑家庭，然后把犯人交给幕府，让他们接受适当的惩罚。这项任务不够体面，在一定程度上有损忍者的尊严，但我们必须尽全力保护神国。

敌人四：浪人

浪人是没有主人，四处流浪的武士，他们原来的主人或者已经过世或者因为犯罪被没收领地。无所事事的浪人可能是非常危险的，因为他们更倾向于反抗将军的仁慈统治。1651年，一群浪人策划在江户城放火并推翻幕府，好在负责监视他们的忍者及时发现了他们的阴谋。1703年，至少四十七名浪人一起谋杀了一位大名，仅仅是为泄私愤，这种行为完全违背了天意。他们的暗杀计划被严格保密，甚至连监视他们的忍者都被蒙在鼓里。潜入乱党之中，阻止此类暴行，可能是你作为忍者需要做的最重要的工作。

1703 年的一个雪夜，至少四十七名浪人在江户袭击了一位与他们有仇的大名。把所有此类事件消灭在萌芽状态是忍者的重要职责

敌人五：反抗的农民

众所周知，根据现在的身份制度——它建立在圣人孔子的伟大智慧和将军的仁慈之心的基础上——农民的社会地位仅次于武士。虽然他们受到所有人的重视，而且地位仅次于武士，远高于见钱眼开的商人，但一些农民竟然对幕府心怀怨恨。农村偶尔会爆发可怕的骚乱，骚乱者不仅会开仓放粮，还会犯下各种无法用语言形容的暴行。作为忍者，你的任务之一就是将这样的事件扼

杀在萌芽状态。为了达到这个目的，你可能需要穿得像农民一样，行为举止像他们一样粗鲁，我后面会具体说到。这肯定算不上好差事，但必须有人来做。

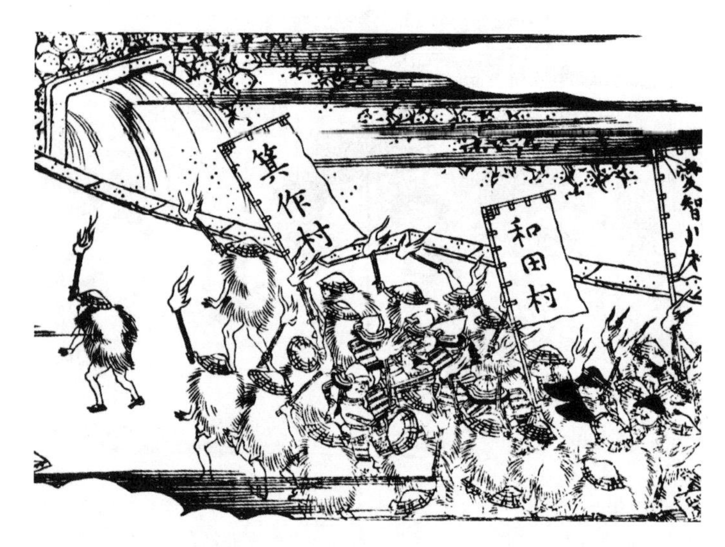

有时以耕田种地为本职的日本农民会揭竿而起，犯下难以形容的暴行。你可能会被要求伪装成农民，混入他们之中

敌人六：外国人

第三代将军家光认为，日本应切断与外部世界的联系。因此，在过去的一个半世纪里，很少有外国人出现在日本。一些中国人和朝鲜人可以在长崎做生意，不过他们会受到严格管控，而且必须确保不会构成任何威胁。欧洲人被禁止进入日本，唯一的例外是忠诚的荷兰人，他们被要求对将军俯首称臣。你可能偶

尔会看到荷兰人去江户城谒见将军，并分享这些无知之人定期得到的消息。香料岛有更多的荷兰人，此外菲律宾有西班牙人，中国澳门有葡萄牙人，说英语的人更是到处都有。除了友好的荷兰人，驻扎在这些地方的军队对日本构成了潜在的威胁，美国不知道哪天就会入侵日本。作为忍者，你可能被派往马尼拉或巴达维亚这样可怕的城市去监视他们，你必须严密监控他们的船只是否侵入了日本海域。我们勇敢的渔民不时报告说，他们看到俄国船停泊在我们北方的虾夷地。几年前，纪州的捕鲸船队遇到了一些古怪的陌生人，他们说自己是美国人，也在捕鲸。我

江户有许多杀人越货，敲诈勒索的犯人，你可能会被要求调查这些无法无天之徒

们的船长注意到这些愚昧之人在捕到鲸鱼后竟然丢弃了宝贵的鱼肉，只留下无用的油和骨头！美国人想必很不正常，我们显然没必要担心他们。

敌人七：罪犯

最后，尽管我前面说过，鸡鸣狗盗之辈也有可能成为忍者，但在我们开明的社会中有一些卑鄙至极的人，他们永远不可能加入我们崇高的忍者组织。他们中的许多人领导着江户的犯罪团伙，从事着赌博、敲诈勒索等不法之事，甚至还会做杀人越货之类的勾当。其中一些人恶贯满盈。忍者们必须调查他们，阻止他们的犯罪行为。

下面是过去的一些臭名昭著的重刑犯——提起他们的卑鄙行为我就心生厌恶——他们的后人可能正在策划破坏活动。

高坂甚内（1613 年被处决）

高坂甚内曾当过武田信玄的细作，因此人们常常误以为他是伊贺忍者。他于 1603 年来到江户，后来成为盗贼头目。不幸的是，他染上了疟疾，身体虚弱的他被捕吏抓获并被处以磔刑。但他深受百姓尊敬，有人为他建了一座神社。甚内神社至今仍存在于江户，所以他的追随者很可能再次制造麻烦。大众的好恶真是古怪啊！

河合又五郎（1634 年死于决斗）

卑鄙的河合又五郎死于伊贺的一场著名的复仇之中。他是一名在逃的杀人犯。柳生新阴流的剑豪荒木又右卫门追踪到他——我相信忍者必然也参与其中——河合又五郎在位于伊贺国上野的键屋之辻的决斗中被杀。

幡随院长兵卫（1657 年洗澡时被杀）

幡随院长兵卫生于唐津藩，住在江户的浅草。在浅草，他手下有一群游手好闲之徒，据说他还为各个府邸介绍佣人、帮工。他的恶行被旗本水野十郎左卫门发现，后者的忍者以结交之名邀请长兵卫到水野十郎左卫门家洗澡。水野十郎左卫门的人在浴盆下面的炉子里加煤，要把长兵卫煮死。当长兵卫尖叫着爬出来时，他被长枪刺穿，死得很惨。

赤堀源五右卫门（1701 年死于仇人之手）

赤堀曾杀死过一个名为石井宇右卫门的人，他的两个儿子半藏和源藏为报仇杀死了他。半藏和源藏为复仇等了二十八年。学学他们的耐心和坚忍，这就是“忍”字的另一层含义！有时我们为实现目标必须有足够的耐心。

对于忍者来说，密切监视这些人是当今最困难的任务之一。但是请记住，这在过去更加困难（当然，成就也更大）！

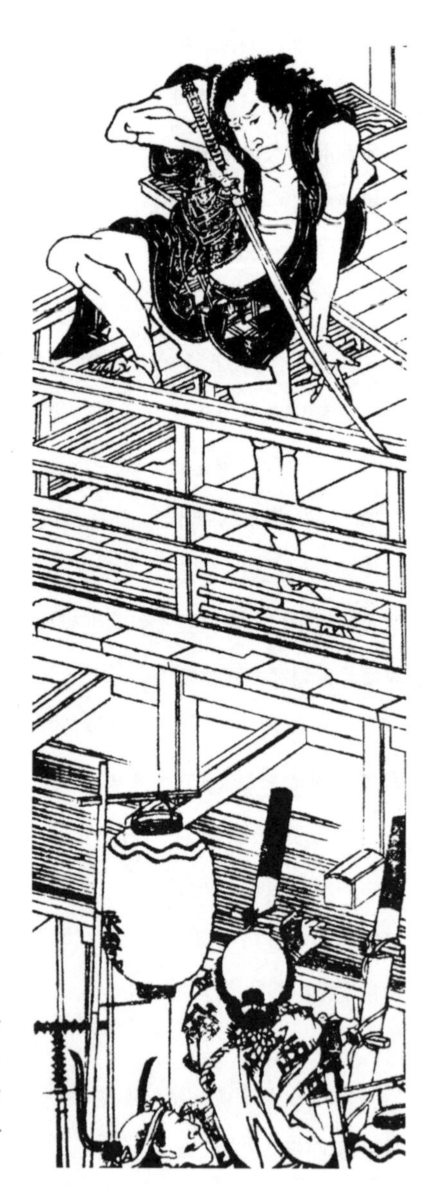

忍者的职责之一是监视像右图中这个可怕的家伙一样的罪犯，这些人非常狡猾，而且武艺高超。犯下重罪的人无法成为忍者

4

伊贺：忍者圣地

伊贺为什么如此幸运

英明神武的德川家康恢复了日本的和谐与安宁之后，在江户开幕府，雇用伊贺忍者为自己效力。在告诉你这件前所未有的幸事的来龙去脉之前，我先来说说为什么小小的伊贺会成为忍者圣地。

但凡有点见识的人都会感慨，神明竟会使偏僻狭小的伊贺成为忍者的中心之地，这是多么神奇的事啊！伊贺能产生这么多忍者，与生活在这块贫瘠但被神眷顾的土地上的健壮之人有莫大关系。其他地方的面积可能更大，土地可能更肥沃，更适合种植水稻，可能有大河滋养，有更适合运输和通商的道路，但小小的伊贺不是这样的。我们的河流过于湍急，我们的高山仅有很少适合耕种的区域。平原地区富裕安定的生活我们无福消受。相反，我们的祖先或者依靠贫瘠的土地为生，或者靠在山中伐木，提供建造奈良寺院所需的木材讨生活。伊贺成了神秘之地，因为在山中徒步修行的修验者（被称为“山伏”）经常远道而来，登上山顶，告诉我们很多关于精神世界的事情，这些对忍术的修行非常重要。

伊贺能成为忍者圣地是非常幸运的，修验者为忍术的发展做出了很大贡献

我们的祖先在伊贺的山中发明并改进了后来被称为忍术的精湛技艺。当时的伊贺人主要靠智慧谋生，不过我们也必须承认，许多人由于贫穷确实做了一些不法之事。这些行为当然不合天意，但随着时间的流逝，神明让伊贺的首领们意识到，像忍术这样的天赐之物不能被抢劫和偷窃这样的恶行玷污。

忍术就这样得到了认可和重视，不过多年来这个秘密一直被隐匿于伊贺的山林之中。当然也有例外。1184 年，也就是源平争霸期间，一名勇敢而倔强的将领木曾义仲在法住寺之战中被击败后，他的部下仁科大助侥幸逃生，逃到附近的伊贺。他在伊贺学习了忍术，然后回到他在信浓国的故乡户隐，在那里创立了户隐流，这是我们光荣而独特的伊贺流最好的派生流派。

1487 年的事件证明了伊贺忍者的实力。当时的将军是才智平庸的足利义尚，他向我们派遣了一支军队，驻扎在一个名为“钩”的地方。但是他的部队每夜都会遭到忍者的袭击。忍者们凭着出色的谍报能力，早已熟知将军的作息时间。足利义尚最后不得不屈辱地撤退，不久就过世了。[①]

发生在钩的事件令日本其他地方的统治者既恐惧又佩服，伊贺忍者因此声名大噪。大名们想按《孙子兵法》的教诲对付自己的敌人，于是纷纷招募伊贺忍者，让忍者展开大胆的行动。从那

---

① 英文版译者注：这里所说的伊贺忍者在钩的战斗是本书开头提到的《忍者秘宝馆》中的第一个不幸的错误。事实上，1487 年袭击将军的是遭大师鄙视的甲贺忍者（后文会提到）。大师很可能知道真相，但故意将功劳归于伊贺忍者。

时起，伊贺忍者变得令人恐惧而且受到重视，许多伟大的胜利都可以归功于他们的渗透——如果有人知道真相的话！

信长是战国时代第一个“天下人”。他为人残暴，不像家康那样有洞察力和同情心。1579 年，伊贺的一些重要人物决定拿起武器反抗信长的统治，其中很多是忍者。这是多么不明智的举动啊！信长派他的儿子信雄攻打伊贺，伊贺的忍者袭击了信雄的部队。1581 年，信长带着一支规模更大的军队再次进攻伊贺，忍者战败，随后信长对伊贺展开了残酷的报复。

伊贺的许多居民逃到了安全的德川领国，寻求家康的庇护。家康手下著名的忍者服部半藏就拥有伊贺血统。

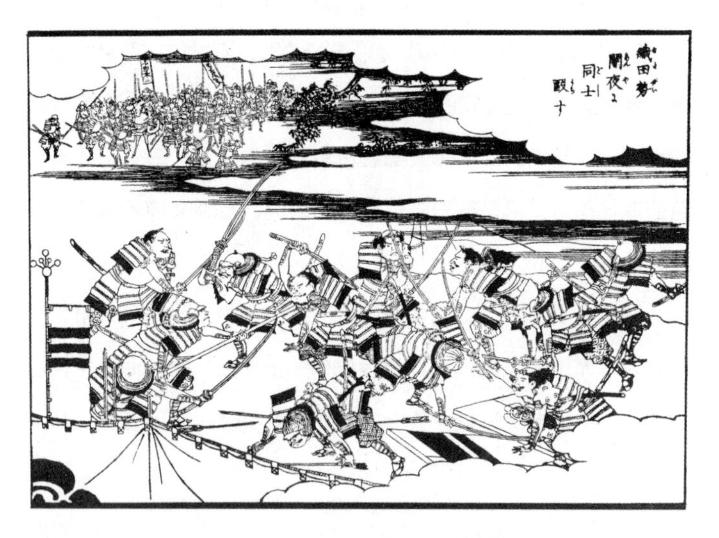

1579 年，织田信长的儿子织田信雄在率领军队入侵伊贺时遭伊贺忍者夜袭，织田信雄的军队陷入混乱，自相残杀

为了复仇，织田信长在 1581 年派出一支大军征讨伊贺，寡不敌众的伊贺人最终选择投降。织田信长残忍地惩罚伊贺人

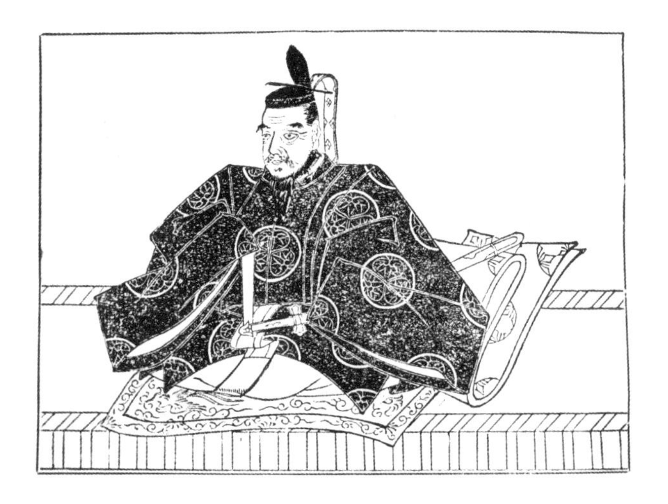

许多伊贺难民逃到德川领国。德川家康后来建立了日本最伟大的幕府，现在的日本依然享受着他的仁政的恩泽

不到一年，家康的慷慨就得到了回报。上文已经说过，1582年织田信长遭谋杀，杀害织田信长的凶手还想杀害家康，家康被迫逃亡。家康回到家乡三河国的最短路线是穿过伊贺的群山。在伊贺人的保护下，服部半藏安全地将其护送回家。家康感谢他们救了自己一命，十年后雇用伊贺人到其新建的江户城担任护卫。这些伊贺忍者用忍术保护德川幕府和伟大的将军。你总有一天会成为像他们一样的英雄。

伊贺忍者的秘密世界

自小就生活在江户的人可能不太熟悉乡村，更不用说忍者村了。你的忍者祖先两个世纪以前在伊贺生活时，就住在忍者村里，他们的许多生活方式仍然值得我们学习。

伊贺忍者的三个等级

和战国时代的其他地方一样，伊贺的农民和武士之间的界线非常模糊——现在由于德川幕府的开明统治，这条界线已经完全无法跨越。伊贺武士中不乏出身高贵者，但更多的是勇猛的地侍，也就是所谓的“在乡武士”，他们平时耕种，战时打仗。在织田信长到来之前，伊贺的忍者是地侍，而且从未服从过任何一个傲慢的大名。伊贺的首领们多次联手英勇地抵御外敌。

伊贺的首领们负责谋划和指挥忍者的行动，有时是为保护伊贺，有时是充当其他大名的雇佣兵。这些首领是受人尊敬的上忍。

伊贺一直是一个贫穷的地方，但农民们很容易满足。他们简单的日常生活使人们不知道他们其实精通忍术

战国时代，伊贺由三个上忍家族统治，分别是百地氏、藤林氏和千贺地氏（后来改姓服部），三家有各自的领地。上忍之下是中忍，中忍率领忍者小组行动，完成任务后向上汇报，同时还要负责监督忍者村的忍者训练。下忍是真正爬进敌城或潜入敌营的人，受过高强度的忍术和武术训练的他们是传说中的秘密战士。

伊贺忍者村

让我们想象自己正站在山顶鸟瞰忍者村。它位于伊贺深山中的山谷里，除非你知道秘密通道，否则很难找到入口。在毫无经验的外人看来，这个村子和大名领地内任何一个兴旺的村子没有明显的区别——这正是忍者想要达到的效果。事实上，它拥有其他村子所不具备的精巧防御设施！

我们注意到山头有一座不起眼的佛寺。寺院里墓地的火堆只是佛教的习俗，还是为向远山发出信号准备的？朝远处看，你能否看到一连串烽烟，它们是不是发动进攻的信号？现在再仔细看看村子，稻田边有一个简易瞭望塔，它是用于火灾预警，还是用于召集忍者行动？请注意，稻田间的路很窄，因此更容易防守。那些石头神龛可用来标记在战乱时埋葬的贵重物品的位置。

稻田位于忍者村四周，下忍的屋子就在田间。它们是忍者村的第一道防线，如果村子受到攻击，它们将首先被抛弃。中忍的房屋要坚固得多。看看那些正冒着烟的烟囱，住在那里的人是在煮饭吗？抑或他们正在配制毒药？我们看到一群年轻人正在练习使用刀枪或一对一的近身格斗——忍者的训练一刻不能松懈。

上忍宅邸和它的一些秘密

你看见那座俯瞰全村的大房子了吗？那是上忍宅邸。它看起来和一般村长的大宅没什么两样，这当然也是忍者刻意为之的结果。它的四周是稻田组成的迷宫，如果灌满水，它们能起到类似于护城河的作用。其他防御手段包括陡峭的土堤、竹篱或带刺的篱笆。

从外面看，这座宅子平平无奇。打开厚重的大门——为了防火，门上覆盖着黏土——你会看到一段木走廊和几扇推拉门，门后的房间里可能藏着我们永远无从知晓的秘密。但是，这些推拉门真的都能滑动吗？有些实际上是可以推开的，因此上忍才会给人留下可以随意消失的印象。上忍宅邸的主会客室戒备森严，壁炉下有一条秘密的地下通道。

继续沿着走廊往前走，你会来到一个拐角，这里是明显的视觉盲区。看起来很有艺术感的木架，其实是通向上层隐秘房间的阶梯，房间入口被巧妙地遮蔽起来。旁边的墙上挂着一个架子，上面摆着一个装饰性的香炉。这个架子实际上是一段悬梯，可以从墙上拉下来，用完后可以轻松收回。楼上还有更多机关。屋檐下隐藏着单独的一层，只能通过可收放的绳梯进入。上面房间的抹灰墙上开了窗，可用作射击孔。顶层从外面几乎看不见，茅草屋顶上开有一个活门，经活门可以进屋。

入侵者别指望活着走出上忍宅邸！

战国时代的忍者训练

在伟大的德川幕府为日本带来今天的太平盛世之前，忍术只能由父亲传授给儿子，或者由师傅传授给他选中的弟子，师徒不一定总是亲戚。因此，在战国时代，并不是你想成为忍者就能成为忍者的。而如今，像你这样的人，即使祖先并非忍者，只要拥有才能，还是可以成为忍者的，当然前提是你要听从在江户城里负责指导你的师傅的教诲。你从师傅那里接受的训练是以战国时代的忍者大师的训练方法为基础的，师傅们知道如何训练忍者。忍者的训练过程异常艰苦，甚至可以说是极度痛苦的。下面几种训练方式在今天依然适用。

以前的伊贺忍者刚学会走路就开始接受忍者训练，在青少年

伊贺的忍者从小就开始学习忍术，平衡性是从小就开始培养的能力之一

时期就已经是忍术专家了。忍者必须能够随机应变，因为收集情报需要智慧！忍者还必须学会如何绘制地图，读写能力将使忍者获得更大的优势。忍者的视力和听力必须非常灵敏。年轻忍者还会到深山学习如何求生和保护自己，这样才能成为野外作战和野外生存的专家。当然，前提是他能在学习的过程中活下来。年轻忍者需要有良好的体能，要能长途奔跑（有时他们为了传递获取的情报需要跑很远的路程），还要能翻墙入城。忍者甚至可能还要学会如何把自己的关节弄脱臼，这样才能钻进窄口，或伪装成残疾人而不会引起怀疑。强大的肺活量也是必不可少的，因为忍者必须学会如何在水面下用竹管呼吸。有时忍者为了躲避敌人不得不在湖中待上几个小时，这种技术可以救他一命。

年轻忍者需要学会两种重要的忍者技能，分别是如何保护自己免受攻击，以及如何用竹筒在水面下呼吸

忍者从孩提时代起就会在父亲的监督下锻炼平衡性——在忍者正式拜师之前，父亲会负责他们的训练。在接受师傅的教导前，他们要先练习走平衡木，还要练习如何踩在平衡绳上不掉下去。还有一种训练少年忍者弹跳力的好办法。麻是一种能很快长出高茎的植物，受训的忍者第一步要跳过刚刚播下种子的麻田。这很简单！麻长芽后，忍者要跳过幼苗。随着麻越长越高，忍者要不断跳过它，直到能跳过六尺的高度。

我听说还有人为了训练少年忍者，向他们投掷手里剑，他们必须用刀打飞手里剑。如果失败，他们会受伤。

剑术修行也很重要。战国时代，人们会用一种非常聪明的方

弹跳力是非常重要的能力。训练青少年忍者的一个方法是在他面前放一个垫子，让他跳过垫子；另一个方法是种麻，让孩子在麻的生长过程中不断跳过它

式给孩子们上人生中的第一堂剑术课。人们会用绳子把棍子和树枝挂起来，少年忍者必须预测每个“敌人”如何摆动，在它摆过来时避开它，并用手里的棍子击打它。树枝经常会打到少年忍者的头。从挨打开始，这是不错的入门方法。

在整个训练过程中，忍者需要定期接受中忍的评估，以确定他是否有所成长。完成全部训练后，他就可以接受第一个任务了，这个任务会由更为年长的师傅带领他完成。如果成功完成任务，他将得到证明其成就的忍术卷轴。收到卷轴后，忍者必须发誓永远不会透露他学到的东西。

古代和今天的武术训练

忍者需要不断练习才能掌握忍术和武术。请注意，我对二者做了严格的区分。忍术指的是谍报、渗透的技术，目的是获取情报或在敌人当中制造混乱。武术指的是像普通武士一样用武器或赤手空拳与敌人战斗。可悲的是，一些骗子声称能够向人——向那些轻信他们的人——传授所谓的“忍者的武术”。这些骗子教的其实是使用武器的技巧和擒拿术。他们之所以要求学生穿黑色衣服，只是为了误导人。这些人都是骗子，不要上他们的当。

忍术需要在执行任务的过程中不断学习，而武术可以在道场中修炼。不过武术修行一直存在一个大问题——如何使学生在不需要面对死亡危险的情况下学会实战技巧。使用真刀非常危险，陪练对手最轻微的错误都可能造成致命后果。一个解决方法是“空挥”，但这么做的效果微乎其微。弟子也可以练习“型”，即包含一系列招式的武术套路，这是日本所有武术的标准练习方法。不过，最接近实战的练习方式是用木刀练习，这些木刀的形状和重量与真刀相似。练习者以木刀对战，不穿护具，稍有不慎就可能被打断骨头。你不会被杀，但要做好受重伤的准备。

练习者有时会在木刀打到对手前就收手，实战中也有类似的情况。能在激烈的对战中做到点到为止的剑客会得到很高的赞誉，剑豪宫本武藏便是个中好手。据说他刀法如神，甚至可以切开放

在不使用真刀的情况下，最接近实战的练习方法是用木刀练习。你不会被杀，但被打到真的很疼！

在一个人额头上的一粒米而不会伤到那个人！

徒手格斗练习也必须尽可能接近实战，所以要做好被无数次重重摔在地上的准备，还要学会不去理会身上的瘀伤。你可能接受的最可怕的训练是空手接白刃。一开始，师傅会使用木刀，但是随着时间的推移，你将不得不面对真正的刀或匕首，而且拿着它们的并不总是仁慈的师傅。没有什么比你身上的伤更能帮助你理解忍道！

5

假忍者：给聪明人的警告

我已经说得很清楚了，伊贺毫无疑问是忍者的故乡。但不幸的是，其他地方也提出了类似的主张，想必你也有所耳闻。这简直太荒谬了！这些主张虽然不值一哂，但许多人竟信以为真，因此我不得不专门写一章来驳斥这些错误言论，以免你们这些未来的忍者受到这些无耻言论的蛊惑。[1]

甲贺，以及这个名字为什么如此不堪入耳

你们可能听到的最常见的错误说法是甲贺有忍者，这个地方就在我们所在的伊贺国的北面。甲贺是一个粗俗愚昧的地方。它不是像伊贺这样的国，而仅仅是近江国下辖的一小块地方。甲贺

① 英文版译者注：在本章中，大师以夸张的说辞表达了他对故乡伊贺的热爱。不过从历史上看，谍报、渗透之术并不局限于某个特定地区。

人曾一度受到威胁并投靠伊贺。我们确曾作为盟友并肩作战，携手帮助大名六角承祯对抗织田信长。那段时间，我们的关系和睦。但当 1574 年信长征服近江后，甲贺人忘记了我们长期的友谊，投靠了信长。1579 年，当信雄入侵伊贺时，他们甚至为信雄而战。多么寡廉鲜耻！

从那以后，甲贺人做了更多蠢事，他们的名声随之一落千丈。1585 年，甲贺人帮助丰臣秀吉征讨纪伊国。身为军事天才的秀吉，计划水攻纪伊国的太田城。他命人在太田城周围修筑大坝，将一条河改道，将水引入大坝。那时——唉！——由于无能的甲贺人的疏忽大意，他们负责的那段堤坝发生了溃堤。大坝坍塌，水反过来淹没了秀吉的军营。

对这场灾难负有责任的甲贺人受到了应有的惩罚。他们失去了武士的地位，成了农民。这是对他们本就微不足道的自尊心的又一次打击。1600 年，甲贺人在伏见城的战斗中为家康效力，他们的糟糕表现使其处境雪上加霜。我得承认，许多人英勇作战，家康给予了他们适当的奖励。但也有一些人背叛了家康，把伏见城交给了家康的敌人。当家康在关原毫无悬念地取得最终胜利后，他们自然要接受惩罚。多么可悲啊！

一些曾在伏见城英勇作战的甲贺武士的后代，现在正在江户城与你并肩作战。他们无疑是忠于德川家的出色的战士，但习惯自我吹嘘，经常傲慢地谈论自己的忍术多么厉害——这种说法没有任何依据！他们的忍术完全是偷师伊贺的。例如，在关原之战中，甲贺的一个无名武士自告奋勇地潜入高取城，但因为不是忍者，他居然误中机关，暴露了自己。他不但没有得到宝贵的情报，反而被抓住，并被送回作为警告。真是太业余了！最后，1638 年幕府军围攻原城时发生了一件荒谬可笑的事。自称忍者而且经常吹嘘自己擅长潜入敌城的甲贺人居然掉进洞里，被当场抓住！你能想象伊贺忍者会掉进洞里吗？

虽然这些事已经过去了很久，但我还是必须让你知道它们，因为曾犯下让大坝溃堤这种重大失误的甲贺人的后代一直试图再次骗取将军的信任。他们屡次上书将军，要求恢复他们的武士身份。我本人读过他们的请愿书，我很高兴地说，无论是伟大的将军还是他的祖先都不会相信他们的谎话和自我吹嘘之语，尤其是他们居然信口开河，说甲贺人是出色的忍者！他们在这些请愿书里声称甲贺的忍者曾占领过彦根城——在彦根城建成十年之前！多么荒谬啊！还应该受到谴责的是，他们居然想像伊贺忍者一样，凭他们所谓的忍术为将军效力。这些人真是无耻至极！

所以，你要仔细观察他们，当他们自我吹嘘的时候要毫不犹豫地拆穿他们的谎言。

关于甲贺，要说的就这些。

顺便一提，甲贺的“贺”字应该读作“か”（ka），而不是像伊贺的“贺”字那样读作“が”（ga）。这在某种程度上证明了我的观点。真是群无知的人！

✦

其他假忍者，以及他们可悲的自以为是

并不是只有甲贺是自称精通忍术的笨蛋和骗子云集的地方。当然，我并不是指像能登国这样，在织田信长入侵之后，由逃出伊贺的忍者开创流派的地区。我指的不是这些地方，而是那些与伊贺毫无关系，却声称有自己的忍术流派的地区。谎称忍者的人通常只为赚钱，这与忍者的理念背道而驰。下面是一些假忍者的例子。

纪伊国的根来流

所谓的根来忍者实际上是使用铁炮的僧人。根来众同样在江户城效命。你完全可以忽略他们，让他们继续使用这种懦夫的武器吧！

御庭番

德川家有许多旁支，其中一支在纪伊藩。大约一个世纪之前，过世的将军没有留下任何子嗣，继承将军之位的是他的一个亲戚。新将军从纪伊带来了一些人，他们谎称自己是忍者。他们现在和我们一起在江户城效力，因为工作地点是“御庭”，也就是江户城的花园，因此被称为“御庭番”。一些愚蠢的家伙竟然相信了他们的说辞，以为他们真的是伪装成在御庭工作的忍者。这太荒谬了！忍者在花园里能学到什么？种植菠菜的秘密方法

吗？对他们要有礼貌，但不要理会他们的无知，更不要相信任何一个声称自己精通忍术的御庭番的人的话。

陆奥国的伊达家

位于东北苦寒之地陆奥的伊达家的黑胫巾组也自称忍者，这个名字源自他们佩戴的黑革制的胫巾。黑革制的胫巾？在雪地里有什么用呢？日本东北部肯定是熊出没之地吧，穿黑革制的胫巾有什么用呢？

关东的北条家

你可能听说过，许多年前，在我们江户所在的关东平原，有一些伟大的忍者为北条家效力。这是一个不幸的误解。实际上，为北条家效力的是被称为“乱波”的强盗和亡命之徒，他们被派往敌营制造混乱。他们确实非常成功，但并没有用到真正的伊贺忍者都会使用的那些标志性技巧。为北条家效力的人中，最接近忍者的是斥候和“草者”，后者之所以被这么称呼，是因为他们过去常常躲在长草丛中监视敌人。请不要将这些使用如此简陋手法的人与拥有专业知识和丰富经验的伊贺忍者混为一谈。

甲斐国的武田家

你可能听说过甲斐国的武田信玄使用过忍者，但其实他并没有。就像北条家一样，他招募了一些无赖，派他们去监视邻国。

为北条家效力的“乱波”经常被认为是忍者。但事实上，他们只是强盗，不过他们的确非常擅长引起混乱

这些人同样被称为“乱波”。他们和伊贺忍者太不一样了，信玄不得不把他们的家人扣为人质才能确保他们会带回情报。多么不专业啊！

畑谷城的武士

1600年，畑谷城遭围攻，城中一个自称忍者的人潜入敌营并

北条家还使用拥有高超技能的斥候收集情报。在上图中，他们被另一种与忍者相近的士兵“草者”拦截，后者躲在长草丛中。“草者”听命于真田家

偷走了一面旗子。只是偷走一面旗子？一个来自伊贺的真正的忍者会把整个营地夷为平地，靠自己的力量赢得战争！

熊本藩的足轻

熊本藩的大名细川忠利声称他在 1638 年围攻原城时使用了

武田信玄和上杉谦信是日本战国时代的两位大名。信玄使用的是“乱波”，而谦信则被认为死于一名忍者之手

忍者。事实显然是他的一些足轻在墙角挖了一个洞，然后爬进去而已。挖洞需要什么忍者技能？任何人都能挖洞！

虚构的忍者故事，以及我们如何从中受益

不幸的是，这些对忍者流派的虚假说法被通俗文学和戏剧采纳，许多庸俗无知的人对它们深信不疑。这种恶劣的风气在很大程度上是由目前流行的一种庸俗的、具有高度颠覆性的艺术形式——歌舞伎表演造成的。拙劣的歌舞伎表演在江户大受欢迎，尤其是商人和工匠——当然，他们也欣赏不了更高雅的艺术。不幸的是，许多学识渊博的武士也受到诱惑，去观看这些可怕的演出，这很可能导致我们现在的文明崩溃。更糟糕的是，人们还制作了大量俗艳的小册子来大肆宣传这些戏剧，其中一些令人厌恶的情节又经常被骇人听闻的小说重新包装。关于忍者的错误观念就这样被广泛传播。

然而，这些也有积极的一面，因为这些故事往往给人留下忍者是幻术师或妖术师的印象，这并不完全是坏事。将忍术视为法术，当然是对我们的技艺的侮辱。但是对于忍者来说，被视为一个拥有神秘能力的人没什么坏处。你当然知道忍术不是法术，忍者也不是幻术师。忍术是一种秘密的技艺，只有训练有素的忍者才能掌握，忍者的能力远远超过那些仅仅学习过武术的人。忍者自然无法突破人类的限制，他们之所以有时看起来令人觉得难以置信，只是因为他们的身体素质极佳，受过高强度的训练，而不是因为他们会法术。

然而，如果有人相信关于忍者的种种无稽之谈，然后又败在精通忍术的人的手里，他很可能得出这样的结论——他被施了法。我相信，你可以看出这种庸俗而错误的态度对我们的行动会有多么大的帮助。一个认为自己被施了法的敌人还有什么值得担心的！所以我们不会忽视保持神秘感的价值。不过，本书接下来的章节将教你如何施展真正的忍者的“法术”！

下面我将列出几个你可能听说过的最著名的虚构的忍者。如果你曾经被人质疑过忍者的真实性，请心平气和地解释忍者并不存在。如果江户城的守卫建议你陪他去看歌舞伎表演，你要坚决拒绝。

加藤段藏

我们的第一个例子是“飞人加藤”的故事。据说他偷走了其他人的盔甲，还可以吞下一头活牛。竟然有人认为他是伊贺忍者，真是胡说八道！

自来也

这位年轻的英雄骑在一只巨大的蟾蜍上，他的妻子会蛞蝓妖术，他的对手可以变成一条蛇。真受不了这些无稽之谈，我就说到这吧。

猿飞佐助

想象一下，一个忍者终其一生只想着一件事——煽动人们反抗德川幕府第一代将军德川家康英明、仁慈的统治。这多么可怕！在关于猿飞佐助的故事中，他被说成是真田家的忍者，真田家在 1615 年的大坂之战中被德川家击败。据说他能够像猴子一样从一棵树上跳到另一棵树上，这无疑证明了他的故事完全是虚构的。

天竺德兵卫

这个奇怪的角色去了印度，在那里学会了如何变成一只蟾蜍。他偶尔也骑一只。整个故事实在无聊。

忍者不是幻术师，但如果人们认为我们是，这对我们没有坏处！黄金法则是这样的：如果忍术看起来不像幻术，那么你一定做错了什么！

歌舞伎表演宣扬了一些荒谬的想法，忍者是可以变成蟾蜍的妖术师就是一个典型例子。这当然是无稽之谈，但也很容易将其转变为忍者的优势

仁木弹正

在目前正在上演而且非常受欢迎的歌舞伎表演中，一个名为仁木弹正的妖术师变成一只老鼠，偷走了一幅卷轴。在接下来的一幕中，他又变回人，用牙齿咬着卷轴。一些粗俗无知的人因此想象着忍者会把卷轴叼在嘴里。仁木弹正变成一只老鼠？清醒点吧！

6

伊贺忍者的成就

你已经大致了解了忍者的历史，以及忍者现在所扮演的角色，下面来看看我们能从伊贺忍者过去的成就中学到什么。

✦

被无名伊贺忍者袭击过的八座城

战国时代的忍者执行的大多数任务是完全保密的，我们很难确认执行任务的勇敢的忍者的身份。由于他们高超的忍术，后世忍者甚至都不知道他们的祖先曾经的光辉业绩。这多么可惜啊！但这也是你必须要学会承受的。

笠置城（1541 年）

1541 年，一群伊贺忍者袭击了山城笠置城，放火烧毁了笠置城的一些建筑。

高田城（1556 年）

伊贺忍者不仅烧毁了高田城，最令人遗憾的是，他们还不小心烧毁了相邻的常光寺。真是太令人惋惜了！但我们都会犯错。

上乡城（1562 年）

德川家康在年轻时就曾利用忍者来管理二河国。家康的旧主今川义元将他的家人扣为人质，家康想出了一条妙计去解救他们。他雇用伊贺忍者潜入今川义元的重臣鹈殿长照的居城上乡城。忍者抓住了鹈殿的两个儿子，用他们换取德川家康的家人。这实在太聪明了！[①]

兵部大夫城（1580 年）

织田信长分别在 1579 年和 1581 年两度入侵伊贺。伊贺忍者会在两次入侵的间歇期（1580 年）坐以待毙吗？当然不会！他们袭击了织田信长在兵部大夫城的盟友。伊贺忍者穿过护城河进到城中。这在当时是一次无与伦比的行动。

雨乞山城（1581 年）

1581 年织田信长第二次入侵伊贺期间，信长军袭击了雨乞山城，许多勇敢的忍者参加了抵御入侵的战斗。他们在此战中做

---

① 英文版译者注：事实上袭击上乡城的人来自甲贺。

的第一件聪明事是在城四周布置哨兵，当敌人靠近时，哨兵就会示警。与此同时，其他忍者潜入敌军的大本营近江国，尤其是甲贺！他们从当地人那里获取了宝贵的情报，特别是那些对其背信弃义的主人感到失望的人。最后，忍者潜入敌营，协助守军以极低的代价击退了敌人。这一切多么令人钦佩！

荒山城（1584 年）

织田信长摧毁伊贺后，许多忍者逃离伊贺，到其他地方寻找雇主，谋求生计。其中许多人投奔远在能登国的大名前田利家。1584 年，他们帮助前田利家袭击了荒山城。但令人遗憾的是，这次袭击被记录为“来自伊贺的盗贼所为”——这是对忍者的侮辱。多么遗憾啊！

忠州城（1592 年）

1592 年，最终统一日本的丰臣秀吉下令入侵朝鲜。忠州是日本通往朝鲜国都汉城的最后一道屏障。来自伊贺的上百名忍者潜入并占领了忠州城。懦弱的朝鲜人逃跑了。

大坂城（1615 年）

1615 年，一个名为真田幸村的无耻之徒竟敢凭借坚固的大坂城反对德川家康的英明统治，好在勇敢的伊贺忍者迅速协助德川家消灭了敌人。伊贺忍者为攻克这座雄城做出了相当大的贡献。他们曾将真田幸村的人诱入陷阱，还曾带领德川的军队穿过浓雾。[①]

十位著名的伊贺忍者和他们令人惊叹的成就

幸运的是，历史上一些伟大的伊贺忍者的名字尽人皆知。下面列举的是十位让我们非常自豪的著名的伊贺忍者。

大伴细人：第一个被雇用的忍者

很久以前，日本有一位聪明的圣德太子。他皈依佛门，大力推广佛教。587 年，朝臣物部守屋发动叛乱，虔诚的圣德太子登上伊贺国东北的界山油日岳祈求胜利。他的祈祷取得了效果。凭借他的部下、日本第一个忍者大伴细人提供的情报，他击败了叛乱者。[②]

杉谷善住坊：耐心的铁炮手

正如你所知，伊贺忍者通常不会执行暗杀任务。但令人遗憾的是，在战争中，暗杀有时是非常必要的。我已经提及织田信长

① 英文版译者注：上述任何一条主张均未得到证实。
② 英文版译者注：一般认为大伴细人出身甲贺。

在两次入侵伊贺时犯下的暴行。伊贺忍者、僧侣杉谷善住坊——他是日本排名第一的铁炮手（如果按照忍术的方式练习，铁炮术

杉谷善住坊是一名受过忍者训练的僧侣，曾试图暗杀残忍的织田信长。如果他的行动成功，伊贺就能幸免于难

能成为一种高贵的技艺）——埋伏起来等待暴君前来。最后，他朝信长开了两枪，但都未命中。杉谷善住坊很快被抓住，身体被埋入土中，只露出脑袋，然后被以竹锯锯头而死——这是天主教传入日本后出现的一种酷刑。

城户弥左卫门：火器大师

织田信长对伊贺犯下的最严重的罪行之一，是烧毁了我们最重要的宗教建筑敢国神社。几个月后，他来到神社遗址，为自己的“成就”沾沾自喜。三名勇敢的伊贺忍者埋伏在四周，从三个不同的方向狙击他。但是这一次他们还是没能命中信长，只杀死了信长的七名侍从。三人中领头的便是身为火器大师的忍者城户弥左卫门。我们伟大的伊贺流就是源自像他这样的人，不过铁炮通常被认为是懦夫才使用的武器。

下柘植木猿：城侵入者

1560 年，伊贺忍者在伟大的上忍下柘植木猿的指挥下袭击了十市城。忍者潜入守城将领的住所抓住了他，然后继续追捕逃亡者。这次胜利完全是忍者的胜利。

百地三太夫：伊贺的神秘领袖

前面提到的伊贺忍者都很勇敢，也都声名赫赫，不过他们的成就都不及信长入侵伊贺时伊贺的首领、上忍百地三太夫。1579

年，信长的儿子信雄第一次入侵伊贺时，他设下埋伏，大败信雄军，还在战场上杀死了敌军大将柘植三郎左卫门——这种事几乎是闻所未闻的，因为将领身边通常有大量扈从，而且大将被杀通常被视为对上天的侮辱。然而在 1581 年织田信长第二次入侵伊贺期间，百地三太夫的名字再也没有出现过。他已经过世了？还是转入地下了？我们永远不得而知。

泷野吉政：柏原城的英雄

关于百地三太夫的结局，其中一个可能是他死于柏原城之战中。这场战斗发生在织田信长第二次入侵伊贺期间，织田军被牵制在城下多时。指挥柏原城之战的是忍者大师泷野吉政。一天夜里，他派出三名忍者潜入敌军兵营，然后让当地村民在他们的后方举起数百支松树火把，想诱使敌军认为援军已经抵达。不幸的是，敌军将领没有被愚弄。随后，泷野通过一系列忍者行动动摇了入侵者的决心，直到他们同意议和。

服部半藏正成：鬼半藏

我在前文提到过，服部半藏曾在本能寺之变后帮助德川家康逃回领国。服部半藏是有史以来最伟大的上忍，统率着在江户城组建的第一个忍者组织。江户城的城门中有一扇“半藏门”，据说就是因为服部半藏的居所位于其附近，所以当你游历此地时一定要想起他。除此之外，几乎没有人知道服部半藏还做过什么，它们显然是机密，所以无人知晓。不过他的名字可谓家喻户晓，即便在今天也是如此。他确实是一名非常优秀的忍者。

历史上，人们只知道石川五右卫门是一个在大锅中被煮死的盗贼。但我们知道的更多，他其实是一名伟大的伊贺忍者

石川五右卫门：从盗贼到忍者

谁没有听说过大名鼎鼎的石川五右卫门？他被极不公正地贴上了盗贼的标签，但我们伊贺人知道的更多！他可能本来是一个盗贼——许多伊贺忍者为了糊口不得不做些鸡鸣狗盗之事——但后来成了百地三太夫最信任的部下之一。1581 年伊贺被摧毁后，石川五右卫门逃到京都，靠忍术谋生。唉！当他闯入丰臣秀吉的居城时，他被逮捕并被处以烹刑，在一口大锅中被活活煮死。多么可怜啊！

柳生十兵卫：剑豪忍者

在整个日本，没有比柳生一族更伟大的剑豪家族了。他们来

柳生十兵卫来自伟大的剑豪家族柳生家，但他同时也是将军的忍者，为将军执行绝密任务

多少人知道日本最伟大的诗人松尾芭蕉实际上是一名忍者？他在日本北部云游，可能是在为将军执行绝密任务

自离伊贺不远的柳生乡，以自创的柳生新阴流闻名天下。独眼的柳生十兵卫是剑豪兵法家柳生宗矩的儿子。他通过武者修行磨炼自己的剑术，为自己赢得了名声，后来成了未来的第三代将军德川家光的剑术指导。然而，他在巅峰期突然消失，人们对他之后十二年的动向一无所知。他显然在执行一项绝密的任务——他一定是一位出色的忍者！

松尾芭蕉

是的，日本最伟大的诗人是忍者！松尾芭蕉出生于伊贺，以云游日本的长途旅行闻名，并写了一本纪行书《奥之细道》。如果你读过这本书就会发现，松尾芭蕉总是在长途疾行。他显然是个忍者！他可能在为将军执行秘密任务。

✦

伊贺忍者的其他出色行动（如果有人知道真相的话！）

伊贺忍者的行动还影响了日本历史上多少重大事件？下面这些事件总被怀疑与忍者有关，但一直无人能够证实。考虑到江户城以外的人没有机会知道这本书的内容，我现在可以告诉你，所有这些实际上都是勇敢的伊贺忍者所为！[1]

---

① 英文版译者注：有些与伊贺忍者无关，注意看注释。

楠木正成的诡计（南北朝时期）

14 世纪的南北朝时期，日本同时存在两位天皇和两个朝廷。京都的朝廷被称为北朝，吉野山的朝廷被称为南朝——吉野山离伊贺不远。楠木正成既是南朝天皇最忠诚的部下，也是早期的忍者大师。有一次，他布置了一支穿着盔甲的草人军队来愚弄敌人，让敌军误以为他的军队人多势众。还有一次，他在自己的城周围建了一道假城墙，当敌人试图爬上城墙时，假城墙倒塌，将他们压死。他在野外作战时主要使用设伏战术。虽然他从未说自己是忍者，但他显然是我们中的一员！①

活跃于南北朝时期的楠木正成是忍者大师。有一次，他布置了一支草人部队来愚弄敌人

① 英文版译者注：楠木正成与伊贺无关。

武田信玄的离奇死亡（1573 年）

当 1573 年武田信玄围攻野田城时，他听到城内传来优美的笛声。他命侍从将自己的马扎挪到离城更近的地方，这样他就可以享受音乐了。此时，一名来自伊贺的忍者用铁炮命中了他的头。[①]

上杉谦信更加离奇的死亡（1578 年）

战国时代的大名上杉谦信是织田信长的死敌。1578 年的某天，中风后的谦信瘫倒在厕所里，此后再也没有恢复知觉。据说他的死是伊贺刺客所为，但没有人知道这个可怕的谣言到底是真是假。

夺取犬山城（1584 年）

犬山城有一个水闸守备松懈，外敌可以从这里入城。池田信辉（恒兴）带部下乘小船偷偷渡过木曾川，制伏了守卫，夺下了犬山城。这听起来像不像伊贺忍者的手法？

千石堀城的爆炸（1585 年）

丰臣秀吉的军队包围了千石堀城，但久攻不下。秀吉的部下中有来自伊贺的人，其中一人是熟练的弓箭手。他将一支火箭射

---

① 英文版译者注：此次行动与伊贺忍者无关。野田城的守军已经决定在第二天早上向武田信玄投降，因此他们当晚喝得烂醉，还吹起了长笛。一名清醒的哨兵的运气拯救了他们。整件事与伊贺无关。

进城里，点燃了火药库，引起爆炸。这名弓箭手来自伊贺，我只能说这么多了。

长谷川平藏的成就（1787年至今）

你想必听说过长谷川平藏。他生于1745年，至今仍在江户缉拿盗贼。两年前的1787年，他得到将军任命，负责管理一个追捕纵火犯和盗贼的部门。这项工作才刚刚开始，我们知道——不，我们不知道，忍者参与了吗？[1]

---

[1] 英文版译者注：这条非常特别，因为忍者大师在写这本书的时候这个任务仍在执行中，他有可能使长谷川手下的忍者暴露。

7
如何培养忍者思维

现在的忍者不仅需要了解以古老的忍术为主的战争秘术，还要了解和平时期必备的技术——监视、操纵、询问和调查。对于忍者来说，坚忍和自制力至关重要。除非忍者能够控制自己的身心（这样他才能操纵敌人），除非他经过磨砺，受过野外生存训练，否则他永远无法掌握这门秘技，甚至无法掌握一般的武术。

如何控制自己的身心

控制呼吸

你很快就会明白，忍者的训练不仅仅是体力训练和技巧训练，健壮的体魄是必不可少的，这样你才能在困难的环境中生存下来，才有足够的体能练习最高级的战斗技能。但是，心理和精神层面的训练同样不可或缺。第一项也是最重要的一项训练就是学习如何控制呼吸，呼吸是成功使用忍术的基础。呼吸训练在实践中的意义在于，如果你可以随心所欲地控制自己的呼吸，敌人就察觉不到你的呼吸声。不管你是刚刚醒来，还是已经奔跑了很长时间，呼吸都应该是平稳的。你要将气集中在胸口下方，学习如何用稳定、有节奏的方式吸气和呼气。成功的秘诀如下：

（呼吸心法只能口授）

控制四肢

作为忍者，你必须能够像控制你的肺一样控制你的胳膊和腿。你要确保手指和脚趾强壮有力，这样才能攀爬城墙。忍者独特的行走方式也会给身体带来极大负担。你必须掌握这些技能，但与此同时，你也必须把自己训练得像猴子一样轻盈敏捷。你可以通过练习在树枝上保持平衡、学习翻筋斗、练习倒立来实现这个目的。这样的练习刚开始时非常困难，但是当你可以快速而轻松地从一个地方跳到另一个地方时，你的敌人就会以为你精通法术。然后，你就会像传说中无声无息的忍者一样令所有人畏惧。

培养“不动心”

不过，忍者需要锻炼的远不止身心。随着能力的增强，你将进入完全不同的意识状态。这标志着你掌握了真正的忍术，不过它将花费你大量的时间和精力。你的目标是使自己的意识达到更高的层次，“忍”字的另一层含义“坚忍”恰如其分地说明了你的目标。永远不要忘记“忍”字的象征意义——“刃”悬于“心”。忍者的心理和精神训练的终极目标是使练习者拥有所谓的“不动心”，即“坚定不移的心”。没有什么能干扰你，没有什么能阻止你实现目标。你将像五大明王中镇守中央方位，手持剑与绳的不动明王一样坚定。达到这种境界的忍者即便身处险境仍能保持冷静。

忍者的终极状态是拥有不可动摇的身心，就像五大明王中镇守中央方位的不动明王一样

如何隐身

结摩利支天印便可隐身。摩利支天是神，经常被画成站在一头野猪身上的多头多臂的战士的形象。摩利支天多以女性面目示人，不过偶尔也会以男性面目示人。她虽然是一位非常凶悍的神，但能帮助忍者隐身，因此非常受战国时代武士的欢迎（不过武士一旦上了战场，就会竭尽所能让世人看到自己的身姿，并以此为荣）。

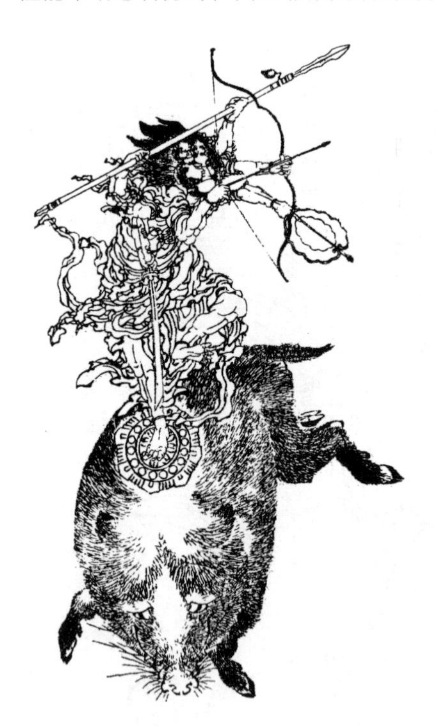

忍者会向摩利支天祈祷，祈求自己能够“隐身”

忍者可以隐身吗？当敌人的心思混乱而你自己头脑清晰时，你就可以“隐身”。因为摩利支天赐予的隐身术不仅与身体有关，可能还涉及从隐藏一个人的战略或战术意图到在白刃战中干扰敌人的一系列技巧。在摩利支天与阿修罗战斗的故事中，摩利支天背对太阳而立，她的敌人因此暂时失明（因为她遮住了阳光）。她可以启发你想出类似的花招，但主要还是要靠你自己的巧智。

在现实中，让忍者隐身的本质是出其不意，不要让任何人猜到到底发生了什么。反复练习逃生技巧，直到能让敌人以为你可以随意消失。依靠你手中的长枪跳上屋顶，这样你的敌人可能相信你会飞檐走壁！

古老的忍者故事记载了许多类似的瞒天过海的技巧。例如，一个名叫山田八右卫门（又称“斩首浅右卫门”）的中忍给敌人留下了他有三张脸的印象。山田做了一个精巧的忍者头罩，前方有孔，背面和两侧有两个假脸。如果能见度低，比如在大雾天或在草丛里，敌人可能因此误以为山田正朝不同的方向观望。这一切都增加了忍者的神秘感，所以不要担心让你的敌人觉得看到了不可思议之事。即使忍者不是真的术师，但掌握这些技巧会让所有人都误以为你是。

如何飞

不可能的，千万别试。

如何像忍者一样生存

没有什么比孤立无援，比在夜间独自一人身处偏远山林，更能考验你控制自己意志的能力了。你如何避免因为在野外或因为缺乏食物而死？答案是忍者的生存技巧。第一条就是不要迷路。你可以在树干上刻下记号，这样你就可以沿原路返回营地。你可以让针漂在水面上作为简易指南针。你可以利用年轮或星星的位置来判断方向。你应该知道如何通过北斗七星找到北极星的位置。

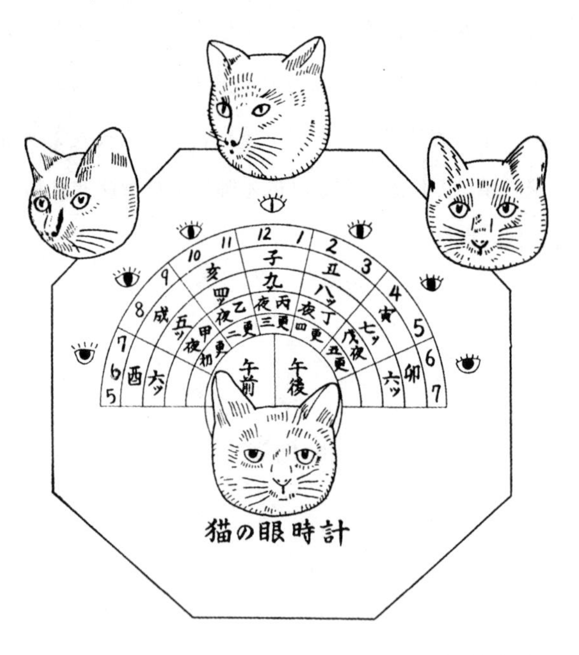

看猫的眼睛就可以判断时间，猫的瞳孔会根据时间发生变化

白天，你必须利用太阳的位置来辨别方向。通过看猫眼的形状来判断时间是一项实用的技能，猫的瞳孔从早晨到中午逐渐收缩成一条细线，从中午到日落再次变宽。

如果你在黑暗中迷失方向并且必须在户外睡觉，最好的生存方式就是模仿野生动物。注意它们在睡觉时如何蜷缩起来保暖，还要注意它们如何通过休息来保持体能以应对突发状况。睡觉时始终面朝左侧以保护你的心脏。

如果你在执行任务时不幸受伤，你不能像普通人一样去最近的村庄寻求帮助，因为你必须确保自己的身份不会被暴露。你只能向医神祈祷，自己疗伤，必要时还需要休息。幸运的是，忍者发明了许多有效的药物来使伤口快速愈合。这些药物的配方是顶级机密。我的建议如下：

（配方只能口授）

如何预测天气

学会预测天气，你就不会在雾中或雨中迷路了。以下是一些提示：

（一）如果星星闪烁，可能下雨。

（二）如果山看起来比平时更近，可能下雨。

（三）如果出现日晕，可能下雨。

（四）蜘蛛网上有露水意味着天很快会放晴。

计划突袭一座城时，天气状况至关重要。强风会转移守军的注意力，使他们注意不到来袭的敌人。雨可以帮助你掩盖行踪。雪也可以为忍者提供掩护，但会留下明显的痕迹。

如何在野外寻找水源和食物

寻找水源对于野外生存来说极其重要。以下是一些提示：

（一）长鸢尾花的地方有水源。

（二）在地上放一根羽毛，如果几小时后羽毛上有水滴，那就说明有地下水。

（三）蟋蟀洞或蚂蚁洞入口下方一定有地下水。

（四）挖一个约三尺深的洞，把耳朵贴在地面上，如果能听到流水声，那就说明有地下水。

（五）如果你藏在山洞里，把毛巾放在地上，如果它变湿了，那就说明附近有水源。

（六）学会辨识山的形状，你可以据此判断山中是否有泉水。寻找那些有锯齿状边缘的山脉和小高原，那里有山泉。

（七）海水可以装进未上釉的陶锅里煮沸净化，盐会附着在陶土上。

记住，即使有水也要节约用水。如果找不到水，可以服用水渴丸解渴。水渴丸的配方是：1 两梅干、2 匁[①]冰糖、1 匁麦芽。将它们揉成丸子即可制成水渴丸。

你还需要填饱肚子。你肯定随身带着口粮，但不一定有机会煮饭。这里有一个小技巧，你可以利用余烬把米焖熟。将少量米用布包裹起来浸泡在水里，过一段时间等米充分吸收水分后，把袋子埋在余烬下焖熟。这样就不用担心烟火暴露自己的位置了。

日本的山里长满了营养丰富的植物。如果你住在农村而不是大城市，你的祖母会外出采集现在已非常少见的山野菜。你必须了解这些古老的知识。尝尝蕨菜、牛蒡根和蜂斗菜。如果你在春天去竹林，你可能会幸运地挖到营养丰富的竹笋。不过割竹笋的时候要小心，因为竹笋外壳上的黑色绒毛会引起皮肤刺痒。如果需要快速煮饭，你可以用厚竹片当锅。

有时忍者需要连续数日执行任务，所以我们伊贺忍者制作了

---

① 英文版译者注：匁是日本古代度量单位，1 匁约合 3.759 克。

一种适合长时间执行任务时充饥的食物。最好的应急食物是糙米、荞麦粉和红糖制成的点心。这种食物被称为饥渴丸。如果你实在找不到吃的，饥渴丸能为你提供能量，让你终日无须进食。饥渴丸的配方如下：10 两胡萝卜、20 两荞麦粉、20 两面粉、20 两山药、1 两甘草、10 两大麦、20 两糯米粉。将所有配料浸泡在三升清酒中，直到清酒被完全吸收，然后将其揉成丸子。等酒精彻底挥发后，你才能食用。

要想真正增进健康，我知道一些东西可以延年益寿，如果经常服用，你能活到一千岁，成为活神仙。然后，你就可以在洞中幸福地生活，好好回忆你做忍者的岁月。将以下配料研磨成糊：

（配方只能口授）

如何控制敌人的想法

经过适当的训练，忍者不仅可以控制自己的身心，还可以控制敌人的思想，使其为我所用。实际上，这需要高超的操控和迷惑的能力，所以首先要和敌人交朋友，然后你才可以影响他的想法。这项任务适合由女忍或任何能赢得大名信任的忍者执行，其目的远不止获取情报。

技巧一：恭维和欺骗

你可以通过细致的提问了解敌人的优势和弱点，所以尽力让他开心吧。奉承他，送他礼物，让他陷入虚假的安全感中。与此同时，想办法激怒他，找出到底是什么让他感到不安。不仅如此，你还要让事情变得更糟。让他注意到他给别人带去的不幸，这将使他对自己的统治能力产生怀疑。如果他在不同的盟友之间摇摆不定，就利用他的恐惧心夸大合作的困难，防止他加入不利于你完成任务的一方。离间他和朋友的关系，吓唬他，让他高估敌人的实力。

是的，这一切听起来令人反感，但真正的战争——无辜的人

一个好忍者可以影响敌人的想法。你要先成为目标人物的知己，然后就可以在他的脑海中播下怀疑的种子或者获取重要情报

因此深受其害——更加糟糕。“上兵伐谋”，这是几千年前孙子对战争的理解。忍者甚至可以在战争开始之前就左右战局，帮助主人轻而易举地赢得战争的胜利。

技巧二：艺伎的低语

控制敌人的想法或从他那里套取情报的最有效方法之一，是让女忍假扮成艺伎。赢得大名信赖的艺伎可以进入大名府邸的秘密房间，而且任何时候都可以在大名面前说上话。她有无数获取情报或散布谣言的机会，因为目标人物会被艺伎的美貌或精湛的技艺迷得神魂颠倒。伪装成艺伎的女忍只需要坐在那里弹奏三弦琴，同时用和缓的语气说出带有导向性的问题。例如：

> 我听到了关于正仁大人不忠的传言……（琴声）
>
> 真的吗？我还以为他是我最亲密的盟友。
>
> 我姐姐就是他的艺伎……（琴声）……她告诉我，正仁大人正调集数百名武士准备攻打你……（琴声）……当然，这只是传言……（琴声）
>
> 我会派人刺杀他的。你认识好忍者吗？
>
> 啊，忍者！可惜他们并不存在……（琴声）

技巧三：下咒

另一个控制敌人想法的妙招是给他下咒。你肯定知道护身符。有人会把自己的血滴在纸上，然后随身携带。护身符通常被认为可以在关键时刻激励战士，或者让他在战斗中不畏死亡。咒语对敌人的效果正好相反，它会动摇敌人的信心。咒语的内容无关紧要，关键是你要用令人信服的语调在敌人面前说出咒语，这样他就会心生恐惧。咒语通常会诉诸神明的力量，所以一定要清楚你的敌人最害怕哪位神明。写几句让敌人四分五裂、血溅当场的咒语，这样效果更好。尽可能利用你的敌人的迷信和信仰。你的咒语听起来越可怕，你成功的可能性就越大。

女忍可以伪装成艺伎，这样就能够轻易地接近目标人物。这名由女忍装扮而成的艺伎看起来没什么异样，她正在弹奏三弦琴。她可以瞒过所有人！

技巧四：下毒

你也可以通过下毒扰乱敌人的心智。尽管我之前说过忍者不是刺客，但有些毒药并不致命。中了毒的敌人可以使你更容易达成目标。你可以在墙上凿孔，吹进毒气让侍卫昏睡。不过忍者最喜欢的方式还是从目标人物床上方的天花板垂下一根长丝线，让

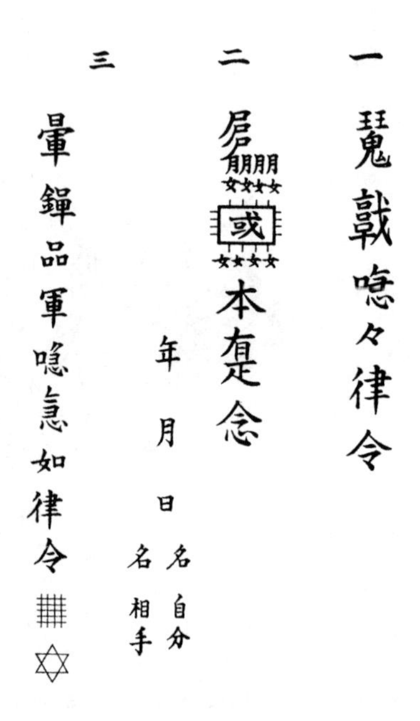

试着对你的敌人下这样的咒。它本身不会起任何作用，但如果你能让敌人相信它有效，他就会害怕

毒液顺着丝线滑入敌人口中。你还可以在敌人的饮食中下毒。最有用的毒药的配方是：

（配方只能口授）

上述技巧都必须在不为人知的情况下完成。黄金法则是：如果你的忍术看起来不像法术，那么你一定有什么地方做得不对！

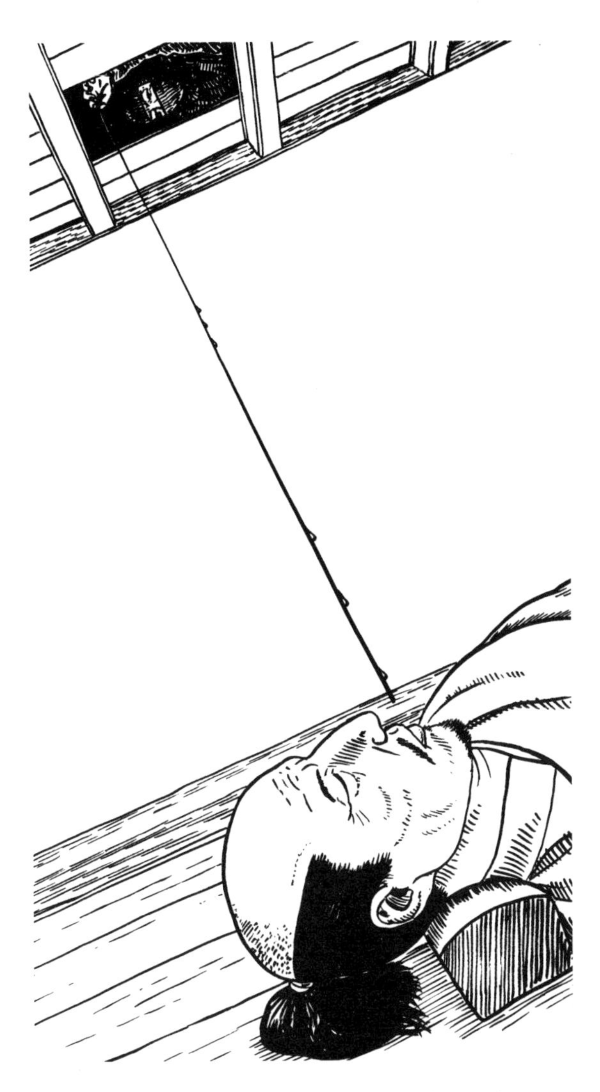

可以让毒药顺着一根长线流入熟睡的目标人物的口中

8

专业的忍者装备

忍者在执行任务前会置办各种装备，让我们仔细看看下面这条长长的清单。后面会详述各种装备适用的场合。

✦

忍者服——一身黑！

听到“忍者”这个词的时候，你会马上想到什么？一个身穿黑衣的人吗？当然如此！他戴着覆面头罩，只露出双眼。但是想想看，什么时候都能穿成这样吗？例如，大白天走在江户街头时能这么穿吗？我想不行吧。不过有些耸人听闻的小说确实是这样描写的！

人们认为忍者总是穿黑衣的一个原因是，过去许多刺客在做他们的邪恶勾当时往往穿着黑衣。此外，黑色和隐秘之间同样存在着微妙的联系，这是忍者有时会被视为小偷和杀手的另一个可

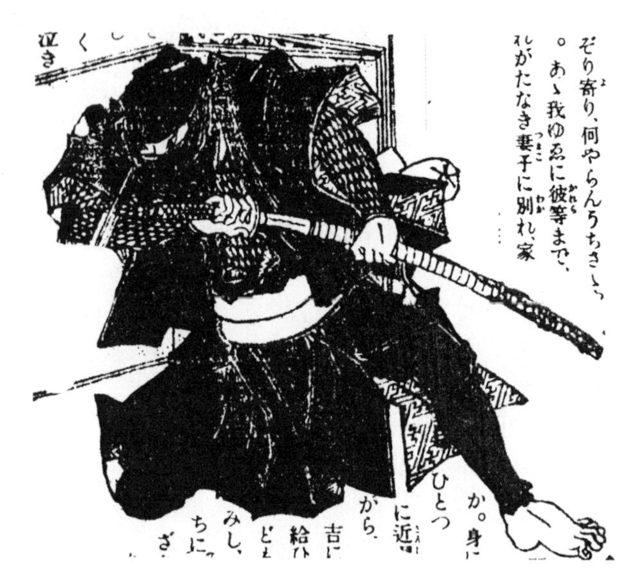

黑色忍者服是最常见的忍者装备，它能让忍者隐于夜色或阴影之中

悲的原因。

不过不要失望，很多情况下黑色衣服还是最适合忍者的。除了夜袭这个明显的例子，你还可以藏在大名居城的走廊和庭院的阴影中。另外，你还可以藏身山林。出于相同的原因，在冬天白雪皑皑的信浓国，户隐流忍者会换上白衣。但在其他情况下，当忍者需要靠伪装混入人群时，衣服的颜色就不重要了。伪装是一项非常重要的技能，我们在后面会专门讨论。

经典的黑色忍者服其实不算特别。在现实中，体力劳动者最常穿的就是黑色衣服，因为他们要在肮脏的环境中辛苦劳作。一套平常的衣裤，用带子系起来，染成深色，这样就不会显脏了。

这样的衣服也很适合他们简朴的生活方式。然而，忍者服在细节上与他们的衣服大不相同。首先，忍者服并不是纯黑的。黑色在月光下反而显眼，因此真正的忍者服其实是暗紫色的。忍者服有时用靛蓝染料染色，因为这种染料有驱蛇的功效。用来给忍者服染色的是从靛蓝植物中提取的普通染料，而不是给将军染袜子的从异域贝类中提取的珍贵染料。

忍者的上衣与农民穿的衣物的区别在于，它有装暗器和放小锯子、小刀等小型工具的暗兜。忍者下身穿的是各个阶层都穿的袴，膝盖下面还有绑腿和足袋（袜子），长条口袋既可以用来装手里剑，也可以起到保护腿部的作用。忍者的草鞋与一般人的草鞋无异，不过他的手甲和头巾与众不同，缠在头上的长头巾增加了忍者的神秘感。忍者有时还要戴盖住面部的面罩。

学会如何穿忍者服非常重要。首先穿好上衣，然后穿袴，袴紧紧系在上衣外面，这样就不会被人抓住隆起的衣褶了。戴好绑腿，再穿上足袋，记得穿之前先把它们绑在前臂上试几次。如果你需要戴单独的面罩，记得让面罩盖住鼻子、嘴和下巴，然后在脑后系好。头巾的戴法是：用头巾盖住面部，从脑后绑好，将头巾翻转过来，盖住头顶，将两侧的布拉下来盖住耳朵，多余的布在下巴下面交叉后在脑后绑好。

你还可以在忍者服里面穿上锁子甲，锁子甲是一种在厚布上缝上大量长方形小铁板的铠甲，能有效抵消冷兵器的伤害。标准的忍者手甲和绑腿也能提供额外的保护，而且非常轻便。不过在实际执行任务时，大多数忍者喜欢轻装上阵，护甲通常只在训练中使用。

忍者六具

六件特殊物品一直被认为是忍者的基本工具。早期忍术书《正忍记》列出了它们的清单。

斗笠

斗笠是一种宽边大草帽。戴上这种草帽，你可以清楚地看到外面，而其他人则看不到你的脸，更不会认出你。斗笠可以帮你隐藏身份，融入人群，它比黑色帽子实用得多。

钩绳

对忍者而言，几乎没有比钩绳更实用的工具了。将一个三叉抓钩绑在一段绳子上就组成了钩绳，这两个部分各有各的用处。除了攀爬城墙，钩子还可以被当作临时门闩来阻挡追兵，绳子可以用来捆绑犯人。在战斗中，你可以用钩子钩住对手的腰带，用绳子把他绑住。这是一个真正实用的装备，但是如果被别人发现你随身带着它，为了不暴露身份，你最好确保自己有一个说得通的理由。钩绳是一种很容易引起怀疑的工具！

石笔

在很多情况下，你必须记下细节或者给同伴留下信息，这就要用到笔了。忍者当然不可能带着纸笔去执行任务，你需要的可能是一支石笔——石头做的笔。你可以用它在许多东西的表面写下清晰的字迹，然后可以丢掉它或者把内容擦掉，以免被抓。石笔在石板上书写的效果最好，你甚至可以用它在城墙上写下暗号。

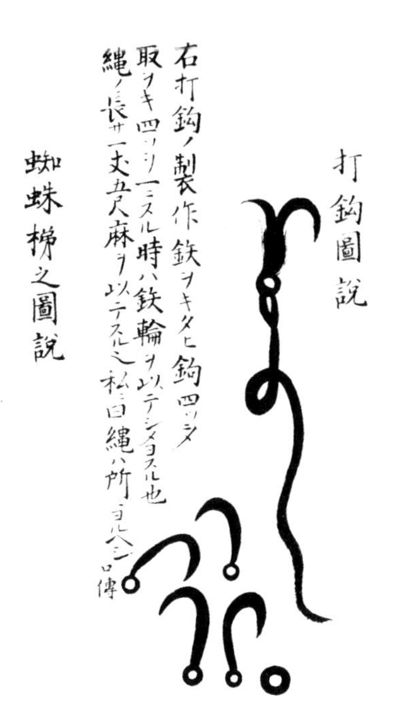

钩绳是忍者最常用的工具之一，它可以用来攀爬城墙，必要时还可以用作武器

印笼

印笼是用于存放药物——在执行任务时会用到的药品和药丸——的小型漆盒。由于大多数人在旅行时也会随身携带药物，所以它基本不会引起怀疑。印笼通常由三个独立的盒子组成，用绳子和象牙扣相连。我这里有一些用药建议，比如如果你经常胃痉挛，请不要忘记带杀虫药。用药建议如下：

（更高深的忍者技艺只能口授）

三尺手巾

哪个忍者不需要毛巾呢？选择一块三尺长的布，你可以把它包在头上，就像戴头巾一样，也可以用它来帮助你攀爬城墙。如果你受了伤，它还可以用来包扎伤口。总之，它的用途广泛。

打竹

打竹是生火工具的总称。它可以帮你在寒冷的夜晚取暖，不过最主要的用途是在执行放火任务时用来点燃引信。

✦

其他专业的忍者装备

《正忍记》的写作年代距今久远，忍者的流派和技术已经发生了翻天覆地的变化。下面我补充一些在特定情况下非常有用的其他常见的忍者工具。

松脂火把

忍者在不同场合可能用到不同类型的松脂火把，蜡、松树树脂等都可以用作燃料。你可能会用到可以藏在手里的小型松掌火把、即使被雨水打湿也可以继续燃烧的防水火把、带支架的蜡烛火把等。另一种实用的火把是盗贼灯笼，这是一种外部高度抛光的金属灯笼，蜡烛安装在灯笼内部的旋转架上，这样火把的光就可以照向四周。

注意，火把也可以被用来对付你。特别要注意守卫扔下的那些用于照亮壕沟或护城河的松脂火把。它上面有一个钉子，这样就可以钉在地上了。粗心的忍者可能因此被抓！

照明弹

你可能会用便携的小型照明弹来替代火把。你可以用它把敌人的藏身之所告知你的同伴，或者在夜袭时短暂照明。照明弹会

夜袭时，可以用松脂火把照明

盗贼灯笼外面是一个抛光的金属容器，里面有一个安置在旋转架上的蜡烛，这样光线就可以照向四方

发出火焰和烟雾。

忍者熊手

这是一种可折叠的长柄工具。完全伸展开时，它看起来就像一把搂草用的耙子。如果有人看到它，你可以辩称自己只是一名园丁。它由六节竹子和穿过竹子的钩绳组成。拉紧绳子，在末端打结，你就可以得到一个笔直坚硬的熊手。折叠起来后，它便于携带。虽然熊手不像钩绳那么牢靠，但你也可以用它来攀爬墙壁。即便有人发现你随身带着它，他也不会怀疑你是一名忍者。

忍者熊手是一种由多节竹子组成的可折叠的攀爬工具，用穿过竹子的钩绳可以拉紧它

密匣

随身携带一把自卫用的小匕首，自然不会引起人们的怀疑。但如果刀鞘里装的不是匕首，而是秘密书信呢？同理，扇子也不会引起怀疑。但如果扇子里藏着一把刀呢？很多东西都可以用这种方式伪装。

草鞋

忍者的草鞋虽然看上去和一般的草鞋没什么区别，但它的鞋底有棉垫，这样忍者即便在大名居城光滑的走廊上行走，也不会发出任何声响。（是的，作为忍者，你进入室内时不必脱鞋！我知道这很失礼，但事实就是这样。）

如何绑住敌人

绳子在忍者手中可以变为非常有用的工具，而且你还有实用的钩绳。为了不让抓到的犯人逃走，你必须学会打复杂的绳结

将人绑起来是一件有艺术性的工作，打绳结的技术越熟练，你面对敌人时就越安全

（如下图所示）。在这种情况下，你的目标是被动的。但你也必须学会如何用绳子对付一个不愿束手就擒的人，比如在逃跑之前绑住敌军守卫，或者带走某个犯人以便盘问他。下面介绍五种经过练习就可以快速学会的打绳结的技巧。这些绳结非常有艺术性，符合人们对伊贺忍者的期待。

钩绳

这是一种很简单的技巧，需要用到忍者用途广泛的钩绳。用绳子绕住对手的脖子，用钩子钩住脖子后面的绳子，再迅速绑住他的上臂和手。你也可以使用下面四种技巧中的任意一种，它们都能将敌人牢牢绑住而不会伤害他。

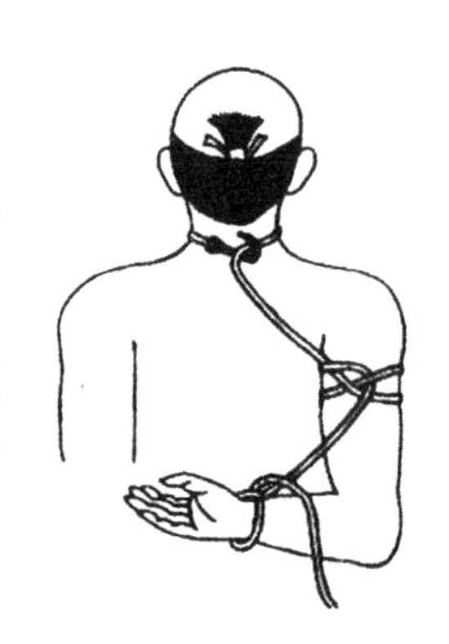

一字绳

这是最简单的捕绳术。先解除对方的武器，然后用绳子绕过他的脖子，迅速固定住他的肩，把他的双臂绑在背后，这时两前臂会成一条直线，如同汉字“一”字。

十字绳

十字绳比上面的一字绳绑得更牢。注意如何使手臂紧贴身体，在脖子的位置绑一个结实的绳结，这样从后面看就像汉字“十”字。它需要花更多的时间，不过非常牢固。

佛绳

如果用这种捕绳术，绳结会系在犯人身前而不是背后。和上面提到的几种捕绳术不同，这种情况下犯人有一定的行动自由，而且这种捕绳术会使他摆出双手合十的拜佛动作，因此得名“佛绳”。这是一种相对温和的技巧，如果你的目的是审问犯人，试试这种捕绳术吧。

拷问绳

这是一种非常复杂的捕绳术，可以绑住犯人的四肢，让他一直保持值勤卫兵一样的站姿。绑住他的脚踝、膝盖、肩膀和手的绳结看起来多么漂亮！

攻破建筑的忍者工具

忍者可以使用多种工具帮助自己潜入防守严密的建筑。在后面的章节中，我将介绍一些大型工具，例如忍者用于渡水和攀爬城墙的工具。在本节中，我只列出一些潜入敌人的宅邸或城时所需的较小的个人装备，它们都能随身携带。有些人可能觉得这些都是小偷的工具，但我们知道它们有更好的用处。

鋋

这是一个手掌大小的带尖的简易 U 形铁钩。如果你打不开推拉门，可以把它插入木门，然后用力拉，这样就能拉开推拉门。你也可以把最小的鋋铁插入门框，然后用力旋转。后文将介绍大型鋋的使用方法。

锥

在用后文介绍的工具凿出更大的洞之前，你可以先用锥子在墙上弄出一个小洞。坪锥是前面呈叉状的锥子，你可以用它来扩大这个洞，它对抹灰墙尤其管用。我听说有忍者用它在墙上凿出一个洞，将管子插入洞中，再通过管子将毒气吹进室内，让守城卫兵昏睡。

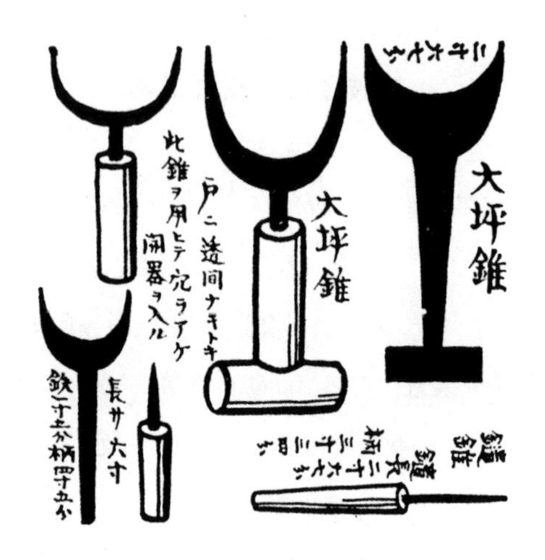

如果要用锥子钻洞，先用右下角的普通锥子钻一个小洞，再用右上角的坪锥扩大这个洞

忍者装备的选择：左上角的撒菱可以帮助忍者逃跑，左下角是各种类型的忍者飞镖，右边是一把呈 90 度直角的锯和一把大型开锁工具

苦无

苦无大小不一，有钢刃，可用于凿抹灰墙。如果要用苦无凿墙，记得选大小合适的苦无。你也可以把苦无插进墙里，然后把绳子挂在苦无上，这样就能攀爬城墙了。

钲

这是一种可以用来锯木头的锯，有锋利的椭圆形刀片，刀片上有锯齿。先用上面提到的工具在木门上凿一个洞，然后用它把门锯开。还有其他形状的锯，比如有的锯刃很窄，而且是弯曲的，有的锯刃呈直角。

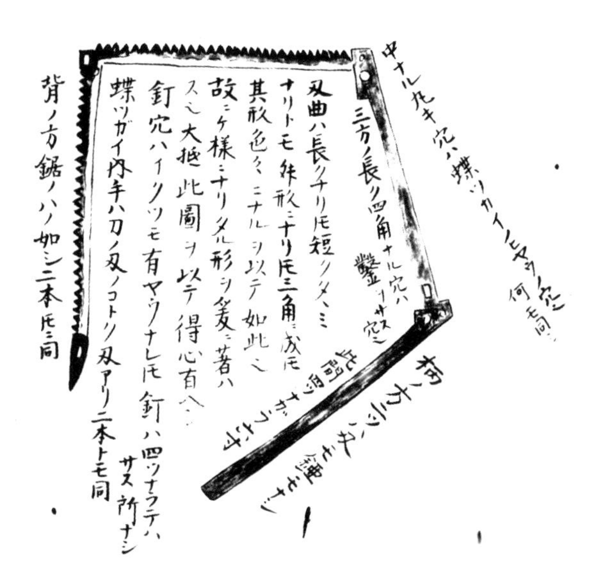

这是一把形状复杂的锯，你可以用它在狭小空间锯开木门

万能钥匙

真正技艺高超的忍者当然不需要上面的这些工具，因为他可以开锁。锁的内部结构复杂，撞门可不是什么好主意。忍者通常会用名为“错”的万能钥匙开锁，这种万能钥匙看起来像一根长针，把它插进锁里就能撬开锁。开锁的诀窍是：

（更高深的忍者技艺只能口授）

如果遇到难开的锁，可以试试 L 形的“枢键”。大量练习是必需的。这种工具的使用诀窍是：

（更高深的忍者技艺只能口授）

最好的开锁工具是一种被称为“机关钥匙”的工具。它很大，可以用来开仓库大门。仓库的墙通常很厚，不容易被凿穿，而且门很厚重，门锁不容易被撬开。用这种工具打开仓库大门的诀窍如下：

（更高深的忍者技艺只能口授）

9

忍者的武器

忍者不仅在执行任务时可能需要战斗，在路上也可能遭到强盗或无赖袭击。虽然你可以凭借高超的武艺轻而易举地制伏敌人，但如果你正在执行任务，那就必须记住，武术和武器只是达成目标的手段。与骄傲的武士不同，你绝不能停下来和敌人战斗。你必须逃走，因为忍者的第一要务是带着情报安全返回。因此，只有在受到威胁且无法立即脱身时，你才能选择战斗。

忍者如何使用武士的武器

除了在练习忍术时可能用到的某些秘密武器（后文会说明），忍者常用的武器与武士并没有太大区别。忍者必须能够娴熟使用武士的各种武器，包括长枪、薙刀等，还要学会柔术。关于这些武器的使用方法，我不会在这里详谈，因为你将在实际训练中领悟它们的使用技巧。不过，我会介绍一些关于忍者如何在行动中对付使用这些武器的人的注意事项，这些建议对你或许有帮助。

武士刀

剑术是你将学习的最重要的战斗技巧。你所有的对手都能娴熟使用武士刀，所以即使无法超越他们，你也必须像他们一样厉害。我在本书中几乎未谈及剑术，因为你会在训练中学习它。但是永远记住，武士刀既可以用来攻击，也可以用来防守。武士刀的刀刃既锋利又坚硬，但内侧有弹性，这使它在受到攻击时能吸收相当一部分冲击力。战斗时，武士会直接拔刀出鞘，或是为抵挡对手的攻击，或是为一击制敌。这种技术非常重要，因为它可以在战斗开始几秒内迅速结束战斗。对于忍者来说，避免战斗自然是上策，因为忍者必须带着情报逃走。

长枪

长枪由长柄和利刃构成。这是一种非常实用的武器，在强壮且训练有素的武士手中能够发挥极大威力。城中的卫兵经常持长枪，所以要警惕他们。一名优秀的长枪手可以从远处击杀对手。虽然你可能永远不会携带长枪这样的长柄武器去执行任务，但你必须知道如何对付使用长枪的敌人。薙刀和长枪一样是长柄武器，我接下来会介绍如何对付使用这两种武器的敌人。

薙刀

薙刀看起来像武士刀和长枪组成的武器，它的刀刃是弯的，而不是直的。它的刀尖非常锋利，但真正使其成为一种威力强大的兵器的是刀刃的斩切力。薙刀的优势是攻击范围大，这点和长枪一样。不过，剑豪冢原卜传曾在一场著名的决斗中战胜了一名使用薙刀的高手。他对付薙刀就像对付一般的武士刀一样，将对手的位置想象得比实际距离近。接着，他仔细判断距离，迅速拔刀出鞘，砍向这个看不见的对手。他一击就把薙刀的长柄砍成两截，他的对手因此失去了武器。

你可能还需要学习一种古怪的招式——快速旋转薙刀，形成一个防御圈。据说这样就可以斩断射向你的箭。一名优秀的忍者可以用锁镰使这招失效，后文会介绍锁镰的用法。

忍者必须学会对付薙刀的方法。诀窍在于正确估计攻击距离并快速砍断薙刀的长柄

短刀

当你失去刀或者刀卷刃的时候，短刀是最后的防御武器，所以你必须学会如何使用短刀战斗。你要找出对手的破绽并加以利用。高手可以用短刀挡住武士刀的攻击，并击败敌人。而且我们要记住，忍者不会只拿一把短刀，他身上一般会藏着几把刀。忍者可以像武上一样把刀挎在腰间，但你为亻么不在手甲、绑腿甚至脖子后再藏一把武器呢？你还可以在刀鞘两侧的两个小插槽中各放一把武器。

弓

是的，弓（当然是有箭头的那种）！一个技艺高超的忍者可以像多数武士一样搭弓射箭。但是普通的弓太长，不适合忍者，

空手入白刃是忍者必须学习的最难的技艺之一

忍者可能更喜欢使用小型弓。虽然尺寸更小，但它们同样非常实用。一个小技巧是将箭头藏在斗笠边沿，这样就不需要携带笨重的箭袋了。你还可以把浸过沥青或焦油的布缠在箭头上，点着布就成了可以轻易引燃茅草屋顶的火箭。如前文所述，1585 年，一名伊贺忍者用火箭引爆了千石堀城的火药库。

弓是一种非常实用的忍者武器，但为方便起见，建议使用图中的这种小型弓

铁炮

铁炮对忍者的用处不大，人们通常认为只有懦夫才使用这种武器。不过也有一些重要的例外。我已经提到历史上勇敢的忍者曾两次试图用铁炮狙击织田信长。狙击手必须有耐心，因为他们为了等待目标可能不得不在埋伏点待上好几个小时。总之，不要

觉得忍者绝对不会使用铁炮，狙击有时候是非常必要的。然而，当忍者袭击某地时，铁炮几乎发挥不了任何作用，因为射击前必须点燃火绳。当忍者必须爬上城墙并快速移动时，铁炮就更加不实用了。而到了夜间，火绳燃烧时发出的亮光很可能暴露忍者的位置。铁炮使用起来也非常不方便。扣动扳机时，它会发出巨大的响声，使用者很可能因为强大的后坐力摔倒在地，需要练习一段时间才能习惯这种后坐力。响声和光无疑会将你的位置暴露给敌人，所以要随时做好丢弃沉重的铁炮，快速逃跑的准备。不过，也有一些便于携带的小型枪械，如比铁炮轻得多的手铳。你可以在最后一刻点燃火绳，向毫无戒备的敌人开枪。

铁炮被视为懦夫的武器，它不适用于忍者突袭，但适合狙击

柔术

如果你失去了所有武器，那就不得不与敌人徒手搏斗了。幸运的是，有一种成熟的武术适用于这种状况，它就是柔术。如果掌握了柔术，你甚至可以战胜全副武装的敌人。柔术本身是一个大话题，这里我只会介绍一些对忍者有用的秘技。这些技巧不会出现在任何一本柔术教材里，而且很难用语言描述，不过当你开始训练时，你可以完全掌握它们。

当你失去所有武器时，你将不得不赤手空拳与敌人搏斗。幸运的是，在这种情况下，你可以使用一种被称为柔术的实用格斗术

柔术最重要也最困难的技巧是抓住敌人的手臂，这需要多年的练习。你要既快又狠，趁对方放低手腕的一瞬间抓住它，把它扭过来，这样他就不得不扔掉手里的刀。接下来，你要迅速攻击他的头。

柔术高手可以在最不利的条件下发动反击。如果敌人将你压倒在地，那就趁他靠近你的时候把身体卷起，迅速用腿夹住他的头。如果他从后面攻击你，你可以在他抓住你的时候立刻弯曲膝盖，给他一个过肩摔。如果他踢你，你要快速闪开并踢回去。如果他抱住你的腰，你要扭动臀部，将他甩到地上。借力打力是柔术的精髓。

✦

忍者的秘密武器

忍者能够使用的武器类别比武士多，其中一些衍生自常见武器。

忍者刀和下绪

虽然武士刀锋利无比，但它的长度可能给忍者带来不便。一方面，佩带武士刀不适合攀爬（当然，你也可以背着武士刀，而不是像平时一样把刀挎在腰间）。另一方面，当忍者需要在狭小空间或低矮的天花板下战斗时，刀刃可能刮到屋顶的横梁。为了避免这种情况，忍者可以使用胁差（较短的武士刀）。在执行任务时，武士经常同时携带这两种武器。

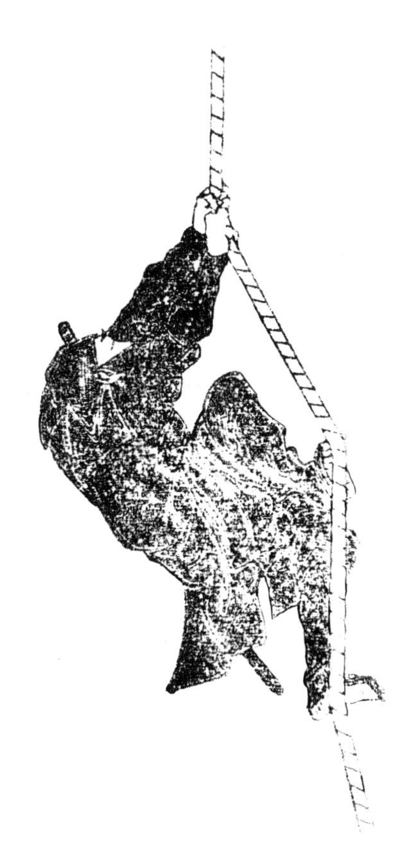
忍者必须熟练地爬绳子。注意他的刀是绑在背后的，这样刀就不会妨碍他攀爬

不过，忍者还有更好的选择，我们有专门的忍者刀。它比武士刀短，而且刀刃几乎是直的。这当然不一般，因为日本刀的特点之一便是其优雅而致命的弯刀刃，而忍者刀的直刀刃（因此强度更高）使它可以作为忍者独特的攀爬装备来使用。它的使用方式如下：解开下绪（也就是把刀系在你的腰或肩上的绳带），把下绪的末端牢牢系在刀镡（连接刀柄和刀身的护手）的洞上——这就是为什么忍者刀的刀镡比一般武士刀的大。把刀斜靠在墙上，踩着刀镡跳到墙上。记得要抓住下绪，当你顺利跳到墙上后，用它把刀拉上来。

忍者刀是常见的武士刀的一种巧妙的变体，可用于攀爬城墙。忍者刀的刀身是直的，刀镡比武士刀的大，可以当作落脚点。攀爬城墙时，你可以用下绪把刀拉到更高的位置

忍者刀和下绪还有另一个特殊用途——身处黑暗房间时可以用它探查藏在暗处的敌人。像下图这样，把刀鞘放在刀尖上，把下绪的一头系在刀鞘上，用牙齿咬住另一头。这样，你可触及的距离就达到了刀身的两倍。如果刀鞘的末端碰到敌人的衣服，他会误判你的位置，以为你比实际距离近。当他用刀攻击你时，你就松开牙齿，让刀鞘掉落，然后给他致命一击。和对手不同的是，你可以准确估算出你们之间的距离。

最后，你会惊讶地发现，下绪还有很多种其他用法。一些忍

在黑暗的房间里，你可以像这样用忍者刀确定敌人的位置。你可以在前进的过程中发现身在暗处的敌人

者喜欢同时挥舞两把刀，并且用下绪把刀柄绑在一起。这么做的好处是，你可以用下绪抓住敌人长枪的枪柄。你还可以用它绑住某人，绳子能做的都可以用它来做。如果你的胳膊或腿被砍伤，你甚至可以用它来止血。

下绪还可以帮助你生存。在野外睡觉时，你可以用它把刀和你的手绑在一起，防止有人趁你睡着偷你的刀。为了保证在恶劣天气下也有良好的睡眠，你可以将下绪绑在两棵树之间，在上面搭一块布，就成了一顶帐篷。为了保证在室内的安全，你可以将绑绳绑在门框上作为绊脚绳。下绪的用途是无穷无尽的。

火箭

如果使用得当，火箭可以是致命武器，能从远处命中敌人。但发射火箭的装置通常比较重，需要多名忍者合力部署，所以火箭不适合个人使用。我将在其他地方介绍它的主要用途。

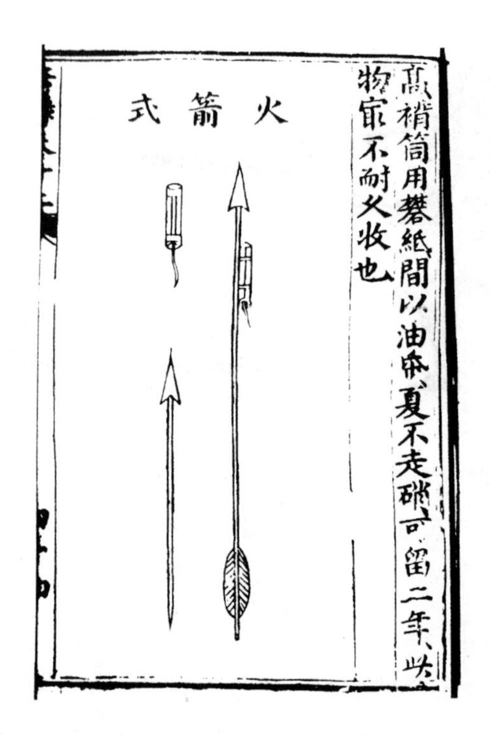

威力巨大的火箭有多种用途。它既可以被当作攻击性武器，也可以用于远距离传递书信，或用来引燃敌城

忍者杖

忍者杖是这里第一个真正称得上秘密武器的忍者武器。它看起来只是一根竹竿，所以如果你扮成农民，没有人会怀疑它里面其实藏着一把可以抽出来的长而薄的刀。你也可以在忍者杖里藏一根锁链（就像下面介绍的万力锁）。抛出锁链，缠住敌人的脚，把他拽倒，再用忍者杖的另一头（通常灌了铅）把敌人干掉。

万力锁

万力锁因威力巨大而得名。它的结构简单，由一根手臂长的粗铁链和两端的铁球组成。它还有一种变体——棍飞。棍飞的链子很短，一端连着铁球，另一端连着铁十字。这两种链式武器通常会被抛向攻击者，或者缠住敌人手中的武器，或者拽倒敌人。

上图展示的是如何用锁链缠住敌人的刀，使敌人无法攻击

锁镰

如果你伪装成农民，拿着镰刀收割水稻看起来再正常不过

了。但这把镰刀其实不是用来收割水稻的。镰刀后面连着一根长铁链，另一端连着一个铁球。和前文提到的其他锁链武器一样，你可以把它扔出去，把对手拽倒，再用锋利的镰刀把他干掉。它也可以用来对付挥舞着薙刀的敌人。还有一种锁链武器与其类似，只不过连的不是铁球，而是两把锋利的镰刀。

镰刀和铁链组合在一起，就成了一种极具杀伤力的武器。忍者可以用铁链缠住敌人的刀，再用镰刀了结他的性命

距跋涉毛

把一根绳子和一把双刃刀组合在一起，就是距跋涉毛。距跋涉毛的刀刃源自农耕工具，农民可以用它来修剪果树——为了把树枝拉下来，刀把和绳子相连再正常不过了。我想你已经猜到如

何使用它了——和锁镰类似，只不过铁链换成了绳子。

钗

这是一种古老的中国兵器（在中国被称为“铁尺”或“笔架叉”）。这是一把锋利的双刃剑，两侧有叉。你可以用两侧的叉架住敌人的刀——两侧的叉和江户时代捕吏常用的武器“十手”的叉非常相似。

指虎

许多擒拿术都有给对手一记重击的招式。在指关节上戴一个指虎，你的拳头会更有力。

手甲钩

手甲钩的威力惊人。这种武器的前端有四根突出的锐刺，你可以把它戴在手上。你可以用一只手挡住敌人的刀，用另一只手给敌人致命一击。用它攻击敌人，他们一定会记住它的威力！手甲钩还有另外一个用途：戴上两只，你就可以像猴子一样攀爬城墙。

角手

角手是一种带尖刺的铁环，可以戴在手指上。它虽然很小，但在格斗中非常实用。

只有忍者才知道的八种独门武器

除了上述秘密武器，还有许多只有忍者才知道的独门武器。这一节的大部分内容属于机密，因此更多的细节只有在实际训练时才能传授给你。

蔓刀

蔓刀就是园艺剪。把园艺剪当成忍者武器可能会让人觉得荒谬，但有时忍者确实会伪装成园丁。这种武器充分说明了，即使是最简单的工具也可以救忍者一命，并帮助忍者逃跑。你可以用它的双刃夹住砍过来的刀，然后迅速扭转敌人的刀刃，把敌人摔倒在地。它只是一把园艺工具！下一步就是用双刃了结敌人了。

吹针

这是一种含在嘴里的细小钢针。在近距离战斗中，你可以把它射向对手的脸。记住千万不要把针吞下去。

吹矢筒

吹矢筒是一种简单但致命的武器，可以用它射出毒箭。效果最好的吹矢筒是竹笛。将纸卷起来放入竹笛，封住气孔，形成气封。没有人会怀疑你，而且如果你会吹奏长笛，这将大有裨益！

园艺剪也可以被当作武器，就像其他很多忍者独门武器一样，而且拿着它也不会令人起疑

你会在后面读到一种完美的伪装——禅宗虚无僧（禅宗的游方僧人）。在毒箭飞出长笛之前，你永远不会受到怀疑。

毒药的配方是：

（更高深的忍者技艺只能口授）

上图是一个忍者伪装的虚无僧。用纸封住气孔后，长笛就成了致命武器，可以射出毒箭

毒水枪

毒水枪由两根长竹子组成，一根竹子贴在另一根里面，中间放一块布，这样两根竹子就能紧密贴合在一起。然后把它当作一个强力水泵，让毒液填充在前端，将其密封。当敌人进入射程后，射出毒液，敌人很快就会毙命。

毒药的配方如下：

（毒药的配方只能口授）

致盲粉末

致盲粉末可以方便地藏在衣服下的蛋形容器里。当你的敌人离你很近时，迅速掏出容器，将致盲粉末撒向他的眼睛，他很快就会任由你摆布。

致盲粉末的配方如下：

（致盲粉末的配方只能口授）

铁轮

铁轮由两个钢圈组成，内外都有锋利的刀刃。你可以用其中一个套住对手的刀，再用另一个套住他的手臂或者脖子。如果你伪装成街头卖艺人，这会是非常理想的武器，因为你可以把它系在丝带上逗孩子们开心。人们会聚集成群，如果有人对你怀有敌意，你只须用铁轮对付他们就可以了。

发簪

这是女忍使用的。你首先要确保自己的发簪是金属的，并且要非常锐利。你永远不知道它何时能派上用场。

女忍能用的技能非常多，包括用金属发簪攻击男性的重要部位

一些专门帮助忍者逃脱的武器

完成任务后，你要快速脱身，以便能顺利地将情报带给你的主人。这里有各式各样的装备和武器，可以帮助忍者快速逃跑。

大型镃

大型镃可以用作门夹。你在执行重要任务时可能会用到这种工具，而且需要团队合作（至少两人才能使用）。把它敲进城中卫兵室的门和门框之间，守卫就无法出来抓你了！

撒菱

撒菱是一种经过精心设计的刺钉武器，特点是当你把它们扔到地面时，总有一个刺钉朝上。被人追赶时，你可以扔一些撒菱。武士穿的是草鞋，踩到撒菱时会痛苦不堪。撒菱通常是铁制的，不过也有比较轻的木撒菱。干芭蕉种子荚可以被当作天然撒菱。它们的形状和撒菱一模一样，而且每个尖刺都非常锋利。

鸟子炸弹

被敌人追赶时，你可以点燃一个这种鸡蛋形的小炸弹，扔向身后。它会发出巨大的爆炸声，分散敌人的注意力。

百雷铳

被敌人追赶时，更好的方法是点燃一个与鞭炮类似的百雷铳。点燃后，百雷铳上的鞭炮会一个接一个爆炸，这意味着它也适合在伏击时使用，敌人会误以为自己正遭受来自多个方向的攻击。

水筒

逃跑时，你有时可能不得不躲在水下，这时你会用到水筒——由竹子制成的呼吸管。用它来辅助呼吸并不容易，你要闭紧嘴，慢慢呼吸。不过一旦掌握了这门技术，你甚至可以在河中一连潜伏几个小时。

手里剑（绝密！）

现在，让我们关注一件非常重要的武器——手里剑。它是钢制的，用手腕一甩就能准确命中追兵。它在忍者逃脱过程中非常有用——用手里剑准确击中追兵额头能让他们止步不前。

然而，手里剑是所有忍者武器中最神秘的。我们的敌人希望能够掌握手里剑的使用诀窍，因此你在任何时候都要给人留下手里剑并不存在的印象，这非常重要。如果有人问起它，你就说："哦，它只是一个神话，根本没有这样的东西。"如果有人拿出证明它存在的证据，你就说："不，这不是什么手里剑，这只是用来从厚木板上拔钉子的工具而已。"

"手里剑"一词的字面含义是"扔出去的东西"，所以你可以给别人看一张画，画中的守卫正从城墙上扔下带金属钉子的木头火把，然后对那个人说"那是一个手里剑"——它确实是。再回头来说说手里剑。手里剑有两种基本类型，一种是下面将介绍的棒手里剑，这种武器早在几个世纪前就被广泛使用了，所以算不上真正的秘密武器。真正的秘密武器是星形的手里剑，也就是所谓的"车剑"。使用星形手里剑的诀窍是：

（更高深的忍者技艺只能口授）

右手拿好手里剑，将它投掷出去。扔出去时，要保持身体平衡。

棒手里剑

武士也可能用棒手里剑来对付你。它被投掷出去时不会旋转，近距离使用可以重创敌人。忍者经常使用棒手里剑。你可以将三支棒手里剑藏在手甲里，这样随时可以快速将它们掷出。不使用时，它们能起到保护的作用。

上图中的人正在练习棒手里剑，星形手里剑是机密，我不能把它们画出来

烟幕

一些最有用的辅助逃生装备非常笨重，使用时需要多名忍者配合。举例来说，冒着浓烟的罐子能掩护你逃生。你还可以在陶罐中放入能够发出烟雾的东西，加入狼粪还会使烟雾变黑并且有毒。点燃罐子里的东西，然后让风将烟吹向敌人的方向。但是不要耽搁太久！使用它非常耗时，你必须确保自己能够安全脱身。

高筒

你在节日里看过烟花吗？一些烟花是从一种被称为“高筒”的木炮中发射出来的。这种木炮通常是用被掏空的树干制成的，外面再用绳子紧紧缠住。忍者可以将它作为轻型手持式大炮使用。你可以用火药和各种碎片（比如陶器碎片）填满它，然后挟在胳膊下点燃。它的主要作用是制造混乱，而非破坏，但它能干扰敌人，从而帮助你撤退或发动进攻。要注意的是，像上面说到的烟幕一样，高筒使用起来很不方便，可能需要其他人协助才能部署。

地雷

这是终极逃生武器！地雷是一种大型炸弹，你可以在撤离前先将它埋在地下。使用这种不确定型武器的关键无疑在于它什么时候爆炸，不过中国人很早就发明了一种可以使地雷在追兵经过时起爆的装置。当脚踩在地雷上时，压力会使销钉松开，一个重物随即落下。落下的重物会使钢铁与燧石发生摩擦，摩擦产生的火花会引燃引信，进而引爆地雷。多么聪明的主意啊！要是现在有人能发明一种类似的装置来发射铁炮就好了。

10

如何收集情报

忍者的首要任务是监视敌人并获取重要情报。在战国时代，如果没有忍者，大名就不得不动用笨拙的器械来监视敌人的城或军营的动向。这种器械看起来像塔楼，经改良后可以通过滑轮将篮子或木箱拉上去。指挥官可以站在上方环视四周城墙。这种器械最大的缺点是过于显眼，很容易遭到敌人的猛烈攻击，因此很快就要拆散。难怪这么多人雇用伊贺忍者来收集情报！

最有用的情报和问题

你需要通过询问获取情报

无论你用什么方法进入敌人的领地，只要踏上敌境，你就要想着如何获取真正有价值的情报。你要提出一些有指向性的问题，

与阴忍忍术相对的是阳忍忍术，即通过伪装获取目标人物的信任，直接出现在目标人物面前

然后从答案中筛选出有用的情报，这个过程就像分离稻壳和稻谷一样。下面列出的是一些最重要的情报类型，还有你为了获取情报应该问哪些人，提出哪些问题，以及应该注意什么。

情报：敌军的兵力和装备

四处走动，观察敌军。记下敌人有多少武器，特别是他们拥有多少铁炮。当你潜入敌城时，留意军营的大小和补给品的数量。

情报：地形

记下你途经地区的地理特征。道路状况如何？桥梁是否可以通行，承重多少？道路是否崎岖？山地是否有明显适合埋伏的地点？诸如此类。

情报：士气

听听人们在街头巷尾和市场说些什么。他们看起来吃饱了吗？他们在抱怨自己的生活条件吗？他们害怕自己有权势的邻居吗？直接问他们吧。

情报：大名是否明智

听听大名手下的武士们的意见。提起大名，他们是怨声载道，还是充满自豪？尝试打听下大名过去在战场上有什么值得一提的事。他是否对邻居——尤其是你的主人——怀有戒心？这也是散布谣言的良机。

情报：大名是否受欢迎

听听人们说什么。散布些假消息，看看人们的反应。如果你伪装成街头卖艺人，试着开一些关于大名生活作风的笑话，看看观众有什么反应。还可以散布一些质疑大名男子气概的谣言。

情报：当地风俗

融入当地人的生活。注意他们崇拜什么神明，参加当地的节日活动和祭祀活动，为当地的寺庙神社捐香火钱，了解当地的特产，所有这些都会让人们更加相信你的伪装身份。贿赂和哄骗同样有助于获得信任。你可以通过此类琐碎的情报让你的主人对他未来可能攻击的地方有一个大概的了解。

情报：食物和水源

计算粮仓数量并评估稻田的状况。稻田被维护得很好还是无人照料？如何为城供水，水渠还是水库？它们的防守是否严密？

情报：对大名的不满

这个话题不仅关乎一般人，你还要打入社会上层。打探哪些官员对自己的仕途不满。他们担心自己的继承人吗？谁喜欢收受贿赂？谁因为没有晋升感到不满？这个工作可能更适合由伪装成艺伎的女忍来完成。

情报：同盟和外援

许多大名为防不测与邻国的大名结成了秘密联盟。你需要寻找关于联姻和收养的证据，这些有用的线索将帮你找出谁是当地大名的盟友。这可能是最难获取的情报，即便成为敌人的密友也未必能打探到这些机密。不过如果女忍能渗透到大名身边女性的生活区，她就有机会发现秘密。如果最受大名宠爱的女性恰好是邻国大名的女儿，那么他可能已经和邻国大名秘密结盟。不过你也可能在与她谈话后发现，她是被迫嫁过来的，而且计划复仇。

情报：城的布局

你只能通过实地调查才能获得这个情报。最佳策略是事先侦察好目标地点。你或许可以在仓库里找到一幅地图，或者在执行其他入侵任务时制订好计划。当大名攻城时，忍者可以通过在关键区域制造混乱来增加本方的胜算。

如何保护和传递你获取的情报

如果一个忍者成功逃出敌人的地盘，或者从一座起火的城侥幸逃生，结果却无法把冒着生命危险获得的情报传递出去，那实在可惜。幸运的是，你可以通过多种方法保护情报并将其安全传递出去。

确保情报准确！

忍者必须记住获得的情报的所有细节，因此对忍者来说，良好的记忆力是必不可少的。我听说忍者会将某些短语与身体的某些部位联系起来，甚至故意让这些部位受伤，以确保自己不会忘记这些重要情报。至于需要写下来的情报，前文提到过石笔。在战国时代的伊贺，一位上忍设计了一套复杂的忍者密码，用无人懂得的人造汉字代替标准的假名。

团队合作！

你可以自创一些仅在自己团队内部才有意义的暗号。同样地，你也可以设计一套用于验证情报真实性或者在传递某些重要情报时使用的暗号。“熊已离开巢穴”可能意味着“敌人正在前进”，诸如此类。还有一种奇特的传递情报的方法。斥候可以通过让马按事先安排好的方向前行的办法来向将领传递简单的情报，这样还可以迷惑敌人的间谍。挂在屋檐下的绳结也可以用来传递暗号，不同的绳结代表不同的含义。

你可能还需要与不同团队的人联系，以传递你获得的情报。但是如何判断这个人是否值得信任呢？中忍有一种帮助部下识别联络人的方法。他可以把一块纹有复杂图案的木头切成两半，每个团队各拿半块。他们可以以此为信物确认对方的身份。

远距离传递情报

狼烟可以帮忍者将简单的情报从远方传回大本营。敌人当然也会看到狼烟，但不清楚它的含义。你可以用一列、两列或三列烟来表示不同的情报。狼烟最好是浓浓的黑烟，狼粪的效果最好。

山伏使用的法螺也可以用来传递情报。人们对这种声音习以为常，因此忍者使用它并不会引起怀疑。你可以想想怎样通过法螺的声音传递一组简单的情报。如果距离不太远，你可以用信箭将书信射到敌营或敌人的城内。这也是在敌人内部制造矛盾的好方法。例如，写一封收信人是敌军高官的信，暗示他已经同意收受贿赂，再将信射入敌营，确保信一定可以被其他人拦截。运气好的话，这个倒霉蛋会被当场处决，混乱会随之而来。

永远记住，无论你要采取怎样的伪装，无论你要搜集怎样的情报，有效的情报搜集工作应该在战争真正爆发前几年就开始执行。一千多年前，孙子在他的《孙子兵法》里已经提到这一点。在敌人真正成为敌人之前，就应该准备好潜入他的领地！

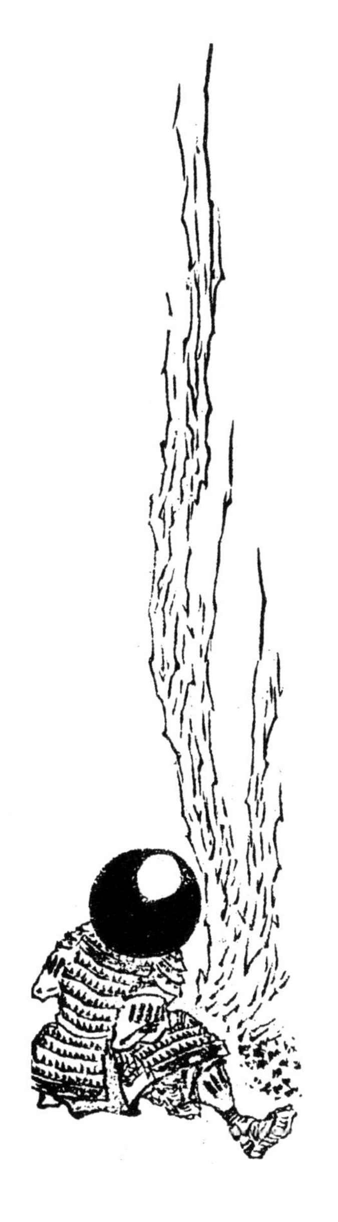

狼烟适合远距离传递情报。燃烧狼粪会发出浓重的黑烟，不同数量的烟柱可以表示不同的含义

阳忍忍术与阴忍忍术

忍术分阳忍忍术和阴忍忍术两种，它们各自独立，但又能和谐地结合在一起。

阳忍忍术

阳忍忍术是忍者出现在敌人面前时使用的。使用这种忍术的人可能需要伪装，例如，伪装成农民或乞丐。也可能根本不需要伪装，因为他已经完全被大名当作朋友或有价值的盟友。接受过艺伎训练的女忍是完成这个任务的理想人选。同样地，男忍也可能会被大名当作朋友，还可能会被邀请参加私人茶会。

阴忍忍术

相反，阴忍忍术是在敌人完全没有察觉的情况下使用的。在穿着黑色忍者服的忍者靠窗偷听目标人物谈话的经典场景中，躲藏起来的忍者使用的就是阴忍忍术。他可能躲在茶园岩石后面的阴影下偷听别人谈话，或者爬上城墙等待卫兵走过，然后潜入大名的卧室。

伊贺忍者伪装成樵夫进入佐和山城的故事可以很好地说明阳忍忍术和阴忍忍术的区别。这名忍者最初打算用阳忍忍术获取情报，但不幸暴露了。然而，他没有立即逃走，而是改用阴忍忍术藏在地板下窃听谈话，最后将有价值的情报带回给了主人。

忍者的七种简易变装

当你执行阳忍任务时，你不会选择穿黑色忍者服，因为你必须让人相信你伪装后的身份。这通常需要高超的技术，而不仅仅是穿着合适的衣服就行。例如，任何人都可以打扮成僧人，但如果想让人信服，你还要掌握佛学知识，模仿僧人的行为举止。古老的忍术书《正忍传》特别推荐七种伪装。我相信你还可以想到更多，不过我们还是从这些经典伪装开始吧。

《正忍传》推荐的前三种传统伪装都与宗教有关。但请注意，他们都是四处云游的僧人或灵修者。你肯定明白个中缘由。一直待在某个村子的寺庙里的僧人在邻近地区同样非常有名。从外地来却突然接管某个寺庙的人，从一开始就会引起怀疑。所以，伪装成游方僧人比一般僧人可能更容易让人相信。

出家人

我相信你肯定在街头看到过化缘的僧人，他们四处游历，所以忍者扮成这个样子肯定不会引起怀疑。游方僧人穿着普通的僧衣，披着袈裟，戴一顶几乎完全遮住脸的斗笠。他左手持钵，右

每到一个地方，就打听一下当地人在说些什么，他们喜欢闲谈

手对人施礼。人们会主动接近他，或是请他替自己求得神佛保佑，或是寻求建议——这是收集当地情报的绝佳方式。

也有忍者选择乔装为真言宗的香客，全身上下都穿白衣。人们本就认为香客是云游四方的人，而真言宗的香客又有额外优势，因为该宗不限男女。香客通常是俗人，但如果想让人信服，你还是需要了解佛法。

山伏

山伏是忍者伪装的绝佳选择。山伏是在山中徒步修行的修验

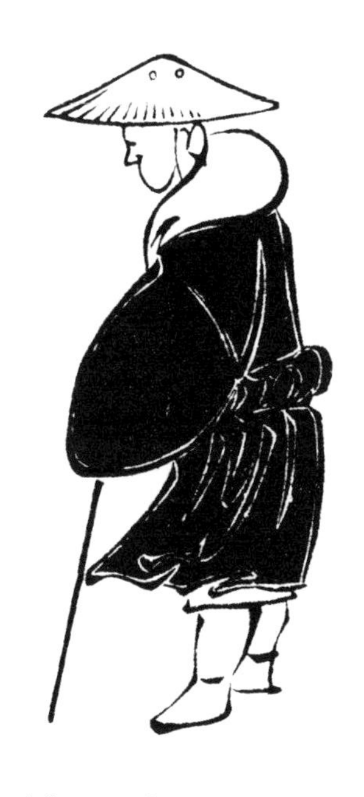

出家人是忍者可以选择的绝佳伪装之一。他们经常出现在街头巷尾，很容易偷听到别人的谈话

无论是男忍还是女忍，伪装成香客都是一个很好的选择，至少你在旅途中可以比较顺利地往来于各地

者，他们会在山上待很长时间，还会从一地前往另一地。对忍者来说非常有用的一点是，山伏受人尊敬，所以跨越边境时通常不需要官方发放的通行文书。

山伏会让人们感到害怕，因为他们通常被认为有驱除鬼怪和治疗疾病的能力。因此，相较于其他人，山伏更有机会自由出入村庄，而且被允许佩刀，这通常是武士的特权。他们会使用法螺传递情报（我在前文提到过），这对忍者而言也是一个有利条件。

伊贺的深山经常吸引山伏前来，所以当你踏上祖先的土地时，你很容易模仿他们的行为举止。

虚无僧

有时你会看到一个云游僧人，穿着类似于前面提到的出家人，不过戴的不是斗笠，而是一个灯笼状的被称为“天盖”的深编笠，很可能还吹奏着一种名为“尺八”的类似箫的乐器。这就是虚无僧，也就是禅宗普化宗的僧人。虚无僧的深编笠为在城中四处收集情报的间谍提供了完美的伪装，但是如果你对尺八一窍不通，你会立即引起别人的怀疑！我还听说有的忍者会把这种乐器变成致命的吹矢筒，用来发射我在上文提过的毒箭。

虚无僧是吹着尺八的禅宗游方僧人。他们通常戴着罩住面部的深编笠，所以伪装成虚无僧就没有人能认出你了

庶民

是的，为什么不把自己伪装成一个住在城里的普通人呢？你只需要融入人群，打扮成遇到的任何一个普通人就可以了。街头巷尾和市场是收集情报的好地方。尤其要注意那些张贴出来的告示，如通缉令或禁教令。围绕着这些和别人交流，有时你会惊讶

山伏为忍者提供了完美的伪装，因为他们可以顺利地前往各地，还可以佩刀。上图就是一群入山修行的山伏

于居然能够从当地人对这些事的简短评论中收集到这么多情报。他们喜欢闲谈！

商人

如果街上没有人群可以让你融入，你为什么不自己“创造”一个人群呢？最好的办法是伪装成商人，不管是富有的大商人还是走街串巷的行商都可以。你要确保你熟悉自己卖的东西。扮成商人不容易引起怀疑，因为全日本到处都有贩卖自己商品的商人。

富裕商人在江户正变得越来越重要。这些向武士提供商品和服务的人，是传递关键情报的理想渠道。你要努力成为一名坐商，而不只是普通的行商。你要表现得举止高雅，像你现在这样——如果你本来就是武士。但请记住，虽然对服装和娱乐的精致品位反映了你良好的修养，但很多商人品位低俗，喜欢穿戴俗气艳丽的服装和饰品，还喜欢观看在庶民当中非常流行的歌舞伎表演。如果你能放下自尊，这个角色就适合你。

如果城里没有多少人，就想办法吸引一群人来围着你。你可以伪装成行商，向他们兜售商品

街头卖艺人

伪装成街头卖艺人也能吸引一群人。你会表演杂耍吗？你知道一些有趣的笑话吗？你是一个很会讲故事的人吗？卖艺人的一大特点是，你可以肆无忌惮地取笑那些大人物。试着讲一些嘲讽当地大名的笑话，得到的反馈信息会令你感到惊讶。

猿乐师

猿乐师也是街头卖艺人的一种，不过表演的是更加复杂的能剧。与普通的街头卖艺人不同，优秀的猿乐师在武士当中也很受欢迎，因此你更容易打听到关于大名和大名家臣的小道消息。如果演技确实出色，你甚至有机会在大名面前表演。对于忍者来说，这是近距离接触目标人物的绝佳机会。

如果你想和当地居民混熟，伪装成街头卖艺人是一个不错的选择。试着开一些关于当地大名的玩笑，并注意周围人的反应

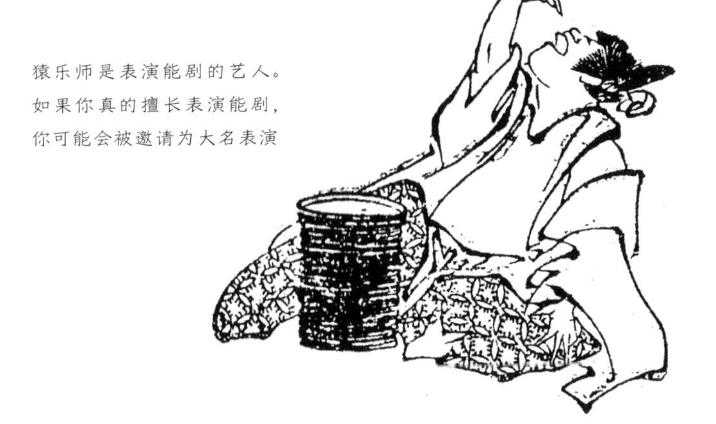

猿乐师是表演能剧的艺人。如果你真的擅长表演能剧，你可能会被邀请为大名表演

✦

如何伪装成日本的上层阶级和下层阶级

七个经典的忍者伪装就写这么多吧。不过随着时代的发展，现在的忍者必须能够伪装成从贵族到平民的任何一个社会阶层的成员。伪装成贵族并不容易，但相对来说还是令人愉快的。伪装成下层相对来说不那么容易（当然，除非你自己就是这个阶层的一员）。你要下农田，像农民一样做农活，在树下睡觉，躺在军队可能经过的地方以获取情报。出身武士阶层的忍者会发现这类任务既困难又让人不悦，这是可以理解的，不过你可能需要读读下面这些实用的提示和指南。

如何伪装成底层

底层最明显的特征是他们身上难闻的气味，这点非常重要。最好的方法是整整一个月不洗澡。是的，我知道这个要求有些过分。但如果你不仅不洗澡，还穿着许久未洗的衣服，那么你身上的气味会更加令人信服。

外表完美伪装后，你还必须学会模仿对象的举止谈吐。第一步是学会如何像“贱民”一样走路。你不能再像武士那样昂首阔步，而要习惯拖着脚走路。想象你的双腿被绳子绑住，同时还要忍受腰痛的折磨。如果武士靠近你，不要看他的脸，他可能会一脚把你揣进水沟。所以如果你自愿跳进沟里，带着满身污泥爬出

武士出身的忍者可能很难伪装成受人鄙视的“贱民”。但如果你想成功完成任务，你就必须做到这一点

来，然后匍匐在地以示对武士的尊重，那么你肯定会让人信以为真。最后，你要模仿“贱民”在公共场所的行为举止，比如抠鼻子、放屁等。这样，你就会被视为真正的底层。此外，你必须意识到，你从底层得到的有用情报非常有限，所以这样的伪装并不是为了直接获得情报，而是为了在不引起怀疑的情况下监视武士和他们的军队。

如何伪装成贵族

贵族和底层截然不同。如果你出身武士阶层，你可以跳过这

最不起眼的情报，哪怕只是窃窃私语，对忍者来说都可能是有价值的

部分。这节的内容很短，你要做的就是避免做我在上一节提到的那些事，尤其记住永远不要在大名面前放屁。话说回来，如果你本来就出身下层，你根本没有希望装成朝臣或武士，所以就不用试了。出身武士阶层的忍者有时不得不伪装成朝臣乃至皇室成员。如果将军觉得某名公卿形迹可疑，并因而担心自己的安全，那技艺高超的忍者就有用武之地了。

朝廷的礼仪很难掌握，主要是因为公卿与普通人迥然不同。他们看起来甚至不像真人。所以想想自己的外表，以及你给别人留下的印象。你的脸色很白吗？你习惯穿丝衣吗？你看起来弱不禁风吗？你会吟诗吗？你熟悉茶道吗？

最重要的是，你习惯穿袴吗？尤其是公卿穿的那种盖住脚的

伪装成公卿贵族时，你必须掌握的，也是最困难的技能之一，就是穿着贵族的袴四处走动

特殊的袴。穿着这种袴走路非常困难，因为你只能走碎步，仿佛在沼泽中行走一样。这种袴之所以设计成这样，就是为了阻止那些伪装成公卿的刺客行凶。这自然会增加忍者执行任务的难度。

如何消除身上的气味

我在上文提过，冒充底层的话，你身上的气味要很重，这点非常重要。如果要伪装成公卿，你将不得不走向另一个极端。你可以喷些香水，但在其他情况下，你的身上不能有任何味道，这点非常重要。如果有强烈的气味，看门的狗会闻出你，所以你要确保自己的身上没有味道。有些东西你一定不能吃，比如大蒜。也不要吃肉——如果你是一名虔诚的佛教徒，你自然不会吃肉。洋葱、大蒜和酒精都会产生气味，所以要远离清酒。喝酒还会让你昏昏欲睡，这是任何忍者都要尽力避免的。

还有一件事会带来一种难闻的气味，暴露你的存在，那就是在江户流行的一种愚蠢行为——吸烟。这是外国人传来的恶习，就像许多其他坏事一样。记住一定不要做这种事。

当忍者执行任务时，最重要的是确保身上不会散发味道，所以要避免饮酒和吸烟，否则你最终可能会像上图中这个可怜的家伙一样

11

忍者的潜入术

忍者的另一个重要任务是潜入敌人的城或军营中，在本方发动袭击之前对敌城或敌营造成破坏，或者通过骚扰使敌人疑神疑鬼，寝食难安。这通常要用到阴忍忍术，它与通过伪装出现在大庭广众之下的阳忍忍术形成鲜明对比。当你用阴忍忍术执行任务时，没有人会知道你的存在。你将成为一名字面意义上的“忍者”——“隐形的人”。这其中的关键技术包括隐藏、攀爬、挖洞和等待——悄无声息地等待。在这种情况下，你会明白“忍”字也有“忍耐”的意思，所以你必须成为另一种“忍者”——“极具耐心的人”。

本章将告诉你如何在不被人发现的情况下接近目标。你必须事先竭尽所能获取关于你要进入的城或防御点的布局的情报，为你的任务做好前期准备。每座城的布局都不相同，比如，像将军的居城江户城这样的雄城面积很大，等你到里面执勤后就会知道了。你必须知道走廊的布局，这样才能找到想去的房间。如果你的任务是制造混乱，你还需要知道马厩和兵营的位置。

像忍者一样行走

潜入术的第一个要求是蹑手蹑脚走路。不要像武士那么招摇，也不要像农民那样懒散。学习如何像忍者一样走路是接近目标的一项非常重要的技能。

忍足

“忍足”的字面意思是“忍者的步伐”，也就是说你几乎只能用脚尖行走。你要先让你的大拇脚趾着地，再轻轻放下脚掌。

浮足

“浮足”的难度很高，因为脚掌不能着地。你只能踮着脚走路，这样很难保持太长时间。因此，等到最重要的时刻再用它吧，比如在敌人的卧室外，必须保持绝对安静的时候。

犬走

像狗一样走路！是的，你要四肢轻轻着地，安静地爬行。你的重心越低，就越不容易被发现。

狐走

像狐狸一样走路！你还是要四肢着地，但现在只有脚趾和手指能接触地面。这并不容易，但非常有用。

横走

想象一下，如果墙下有一片阴影，而你恰好要沿着墙行走，那么你怎么做才能让自己置身那片阴影之中呢？答案是“侧身行走”。横过身来，紧贴着墙，不要让身体暴露在阴影之外。看着你想要前进的方向，尽可能地张开双臂和双腿，然后像螃蟹一样缓慢移行。切记，一定要慢。

如果你想沿着墙的阴影行走，就要学会横走

深草兔步

这是所有步法中最难，但也是最安静的。行走的时候，你要将身体蜷缩成一个球，将双脚放在双手上缓慢向前挪动。你需要多年的练习才能学会这种步法。不往前走的时候，你看上去就像一块石头。

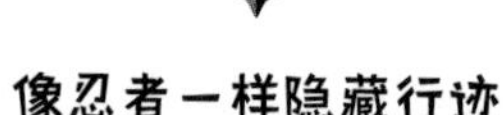

像忍者一样隐藏行迹

忍者要花费大量时间学习如何隐藏行迹，这里有一些方法可以帮助你不引起别人注意。下面这些有着古怪名称的隐身术都可以将你的黑色忍者服的作用发挥到极致。

观音隐

求观音帮你隐身。尽管有些古老的忍术书建议你求观音帮你隐身，这样你就不会被敌人发现了，但我不确定观音跟隐身有什么关系。你要做的其实只是站在那里一动不动，凭着你的黑色忍者服，敌人在夜里很可能发现不了你。

鹌鹑隐

像鹌鹑一样隐身！鹌鹑是一种圆圆的小鸟，你可以像鹌鹑一样蜷成一团，把自己伪装成花园里的一块石头。这种隐身术甚至可以在大白天使用，秘诀就是一动不动。

狸隐

像狸一样隐身！你经常会看到狸大人的小雕像，戴着草帽，腆着大肚子。狸非常显眼，我真不知道为什么它会和一种藏在树上以免让敌人发现的隐身术联系在一起——除了狸会爬树。你要学会爬树，然后躲在最茂密的树叶后面，不要弄出任何声响，直到你的敌人离开。

狐隐

狐狸如何隐藏它的踪迹？用水来消除一切气味和行踪。学会像狡猾的狐狸一样！

然而，对于人来说，渡水可不是一件容易的事，所以看看下面的部分吧。

初学者过河指南

你在执行侦察任务时可能不得不涉水。你可能要蹚过河流或稻田的灌溉水渠。城墙四周通常有很深的护城河来保护，有些城故意建在河口或沼泽地附近。所以对忍者而言，知道如何渡水是非常重要的。

游泳

忍者不仅要学会游泳，还要能够在游泳时使用武器。一名真正熟练的忍者可以一边踩水，一边射出一支箭，而且能够精确命中目标。你可以戴像农民在稻田里常穿的那种大木屐一样的脚蹼来提高游速。它会让你的脚显得更大，看起来像一只青蛙。

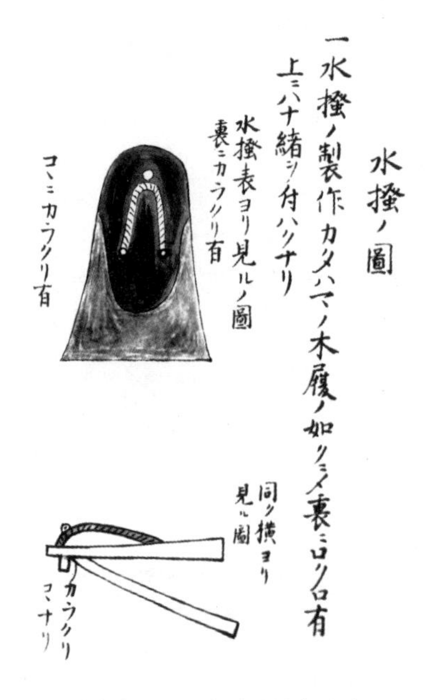

一对木脚蹼可以帮助你提高游速

钩绳

如果要渡过的护城河不宽，你可以将绑在绳子末端的抓钩扔过去，再顺着绳索爬过去。在行动之前，先确认绳子的另一端是

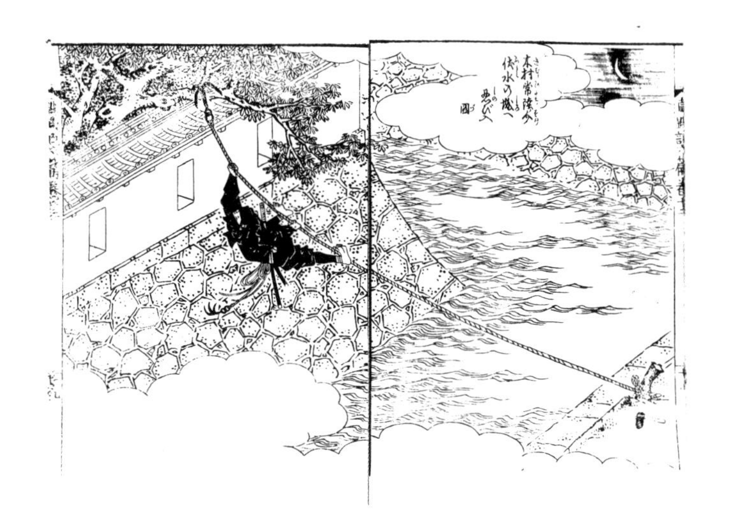

如果能熟练掌握这项技能，你就可以轻而易举地渡过护城河。系紧绳子，把抓钩扔过护城河，牢牢插进城墙。你可以在完成任务后把绳索留在原地以便逃跑时使用，但这可能会被守卫发现从而暴露你的存在

否已经牢牢系在树上，还要检查抓钩是否已经牢牢扎进墙里。你的双手要抓紧绳子，双脚要搭在绳子上。你要倒挂在绳子上爬过去。到达对岸后，你最好尽快取下抓钩以免引起怀疑，但在决定这样做之前你最好考虑清楚，因为它可能是你唯一的逃生途径。在漆黑的夜晚，守卫可能看不清抓钩。但在有月光的夜里，它可能会在护城河中投下影子，从而暴露你的存在。

浮踏

浮踏对你完成任务大有助益。它可以用各种材料制成，包括

产自国外山里的一种名为“软木”的奇特材料。你可以使用一个由充气的牛膀胱制成的浮踏，也可以使用由四个充气的兔皮或马皮制成的浮踏。你可以在身体左右两侧各绑一个，在背后系一个，坐在剩下的那一个上面，然后划桨前行。还有一种漂浮物是一个大型芦苇篮子，由于编得很密，而且涂了漆，因此可以防水。你可以把脚放进去，再用长杆来保持平衡。

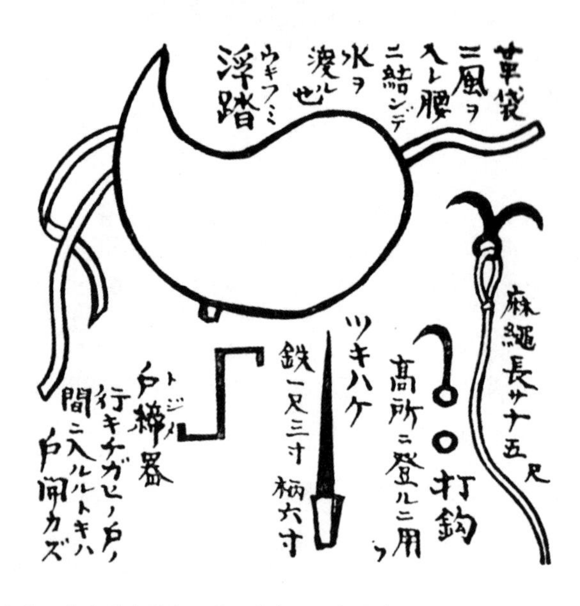

上图中是一些重要的忍者工具，最大的一个是渡水用的浮踏，此外还有一些其他工具，比如进入敌城后非常实用的钻孔工具

竹筏

一大捆竹子就可以让你浮在水面上了。但为了增加一定的稳

定性，你还可以在上面绑上几块木板，然后坐上去。这就是竹筏。你可以用手边能找到的材料快速造一个竹筏。结构更复杂的甕筏需要用到陶罐，这些罐子会被密封起来，以使它们能够防水，然后用绳子把它们和八根长枪固定在一起。如果你正在执行某项秘密任务，恰好又有八根长枪和四个空陶罐，那不妨试着造一个甕筏。

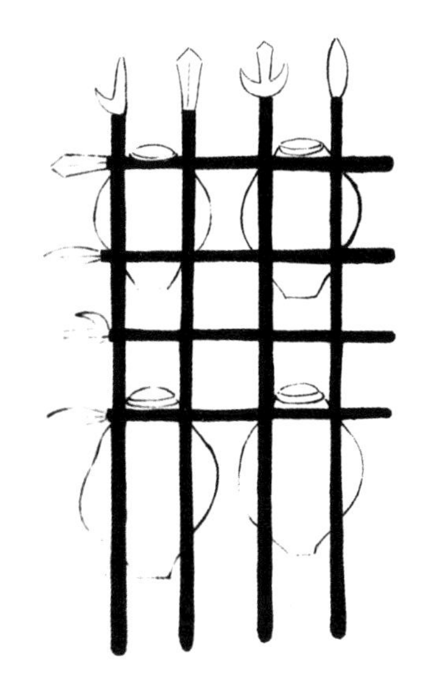

将陶罐和八根长枪固定在一起就是一个甕筏

箱船

箱船的两侧是木板，船体外部覆盖着皮革，这样可以防水。除非你是和其他人一起渡水，否则不会用到这么大的船。如果只有一个人，那还是游过护城河或用钩绳爬过护城河吧。

浮桥

浮桥由一块块木板组成，然后由两根长绳连在一起。每根绳子的两端各有一颗铁钉，先将两颗钉子钉在城对岸的地面上，然后一名勇敢的忍者会带着浮桥游过河，把另外两颗钉子钉到靠城一侧的地面上，这样他的同伴就可以通过浮桥渡河了。

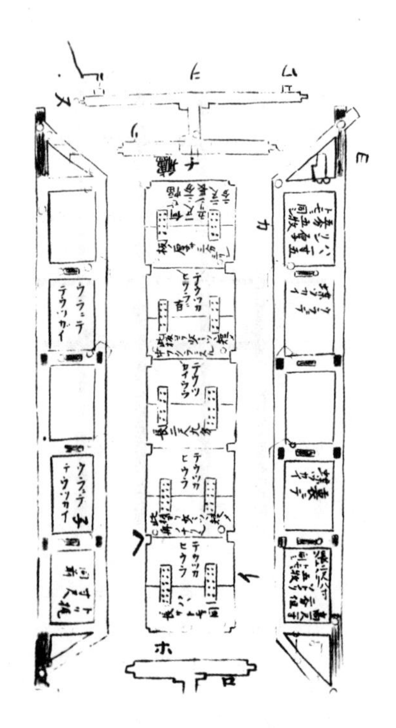

箱船是木船，外面盖着皮革或帆布。它使用起来非常麻烦，只有在多人一起渡水时才派得上用场

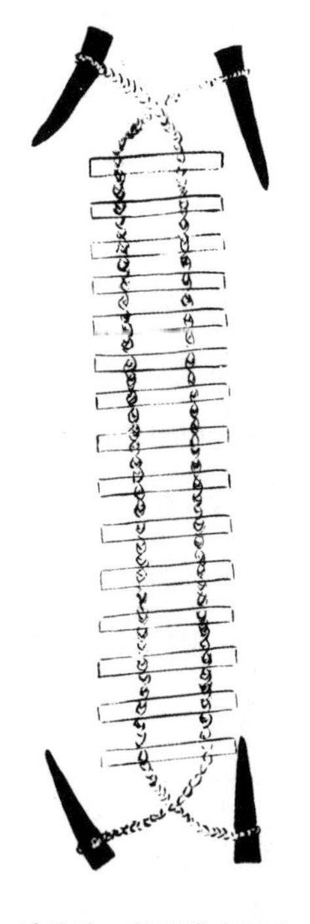

浮桥是一种非常实用的装备，一名忍者会游过护城河，将钉子钉在对岸的地面上

绝密！水蜘蛛

最后要介绍的是神秘的水蜘蛛。就像手里剑一样，水蜘蛛也是一种绝密的忍者武器，许多细节不能让外人知晓。但是我可以描述一下它，因为它是用随处可见的常用农具组装而成的。农民在泥泞的地方干活时会用到大木筏，他们可以坐在大木筏上。在

这样的大木筏中间加上一个踏板后，它就变成了一件非常特殊的工具。只要每只脚各踩一个，训练有素的忍者就可以像蜻蜓一样灵活地在水面行走。但你要经过多年的练习，还要掌握一些秘密技术，才能保持平衡。

使用这种装置的技术一直秘不示人，许多敌人想方设法要了解使用水蜘蛛的诀窍。你在任何时候都不能承认它是有用的，还要极力打消别人把它穿在脚上的念头。让好事之人觉得只需要使用一只水蜘蛛，像农民一样坐在上面就可以了。要严守秘密，如果听到有人说忍者可以在水上行走，尽情去嘲笑他就好了。

使用水蜘蛛的方法如下：每只脚戴一只水蜘蛛，用绳子将脚固定在中间的踏板上，然后……

（更高深的忍者技艺只能口授）

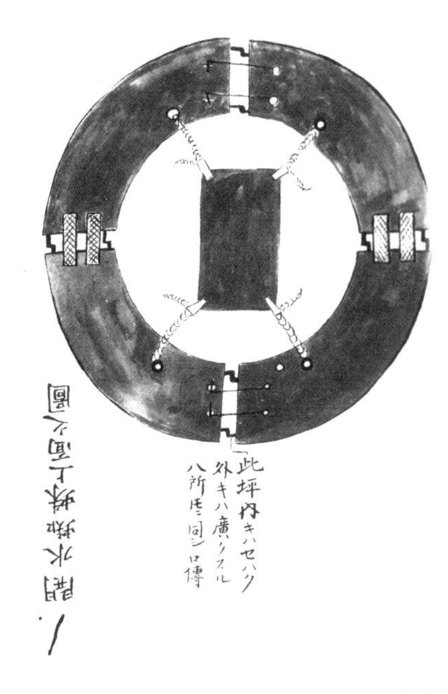

水蜘蛛是一种绝密装备，能够让忍者在水面上行走。我们的敌人很想知道应该如何使用水蜘蛛，所以你在任何时候都不能承认它是有用的

城的入口以及如何潜入城中

越过护城河后，你就可以开始攀爬城墙了。要想成功做到这一点，你首先要知道一座典型的日本城是怎么建成的。因为日本经常发生地震，所以你看到的巨大外墙其实是在土垒的基础上建成的。发生地震时，城墙可以有效降低地震强度，从而使城不至于坍塌。城有一套强大而复杂的防御网，由壕沟（空堀）或护城河（水堀）、石墙（石垣）、塔楼（橹）等组成，城中最高的建筑是天守阁，它既能被当成瞭望塔，又能在战争期间被当作最后的避难所。

你的目标可能住在天守阁里。城的主人平时住在生活区（御殿），但在战争期间会搬进受到严密保护的天守阁。下文会提及这两种情况。忘掉你可能听说过的忍者用风筝飞过敌人城墙的故事吧，因为飞行器并不存在！大多数时候你只能靠你的训练、智慧和有时不太牢固的梯子爬进城中。

第一阶段：通过辅助工具攀爬巨大外墙

外墙的坡度使忍者很容易攀爬，巨石间的缝隙也方便手指和脚趾插入。你还可以戴上带尖刺的装备辅助攀爬。当然，也不要忘记前文提到过的辅助工具手甲钩。还有一种名为五寸钉的小钉鞋，你可以把它们插进石头间的缝隙里。它们也可以被当作武器

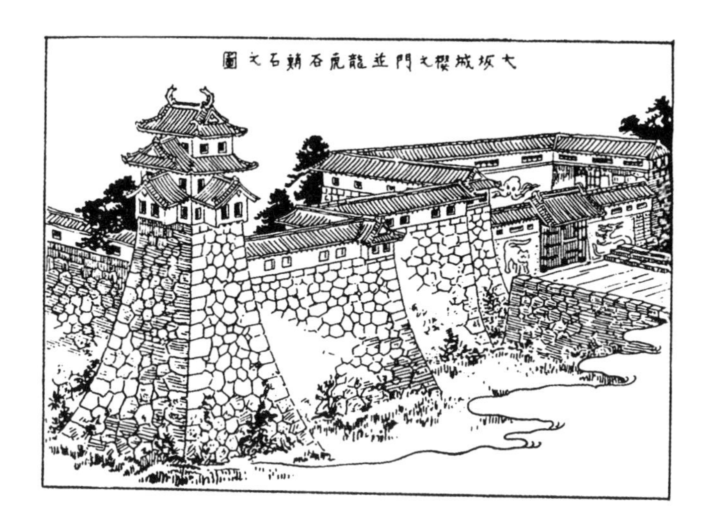

日本城的城墙是斜的，因为它是在土垒的基础上建造而成的，这使其便于攀爬

一旦你爬上城墙并穿过低矮的内墙（塀），你会发现自己置身于一个封闭的院子里，上图是大坂城的庭院

使用，就像飞镖那样被投掷出去。

当你快爬到城墙顶部时，真正的考验才开始，因为此时城墙几乎与地面垂直，从城墙上垂下的一排排长枪也让人胆战心惊。此外，你还要当心被称为“石落”的防御装置，不要被掉落的石头砸伤。抛下石头的孔平时会被从内部锁上，因此你无法从这里入城。忍者只能设法克服一切艰难险阻，爬上城头。

第二阶段：用梯子作为辅助工具

对于更难爬的城墙，忍者可能需要用便携式梯子辅助攀爬。最简单的是卷梯。这是一种绳梯，梯阶是木制的，顶端有一个结实的钩子。还有一种精巧的竹卷梯，看起来就像一个大型忍者熊手。绳子穿过各段竹子中间，梯子顶部有一个钩子，把整条绳子拉紧，就组装成了一个轻巧但不算结实的梯子。

另一种可以快速组装的梯子被称为“飞梯”，在一根竹子上安装横木就组成了一把飞梯。把飞梯和结梯组装起来，就成了一把云梯。如果你将梯子顶端的钩子扔到墙上，你就可以从地面开始攀爬了。不要忘记，忍者刀也是一种能够缩短攀爬距离的实用装备。

第三阶段：越过上面的塀

大部分城的石墙上方不是塔楼，而是一段由灰泥和石头砌成的被称为“塀”的城墙。如何爬过塀呢？首先，你必须知道，塀

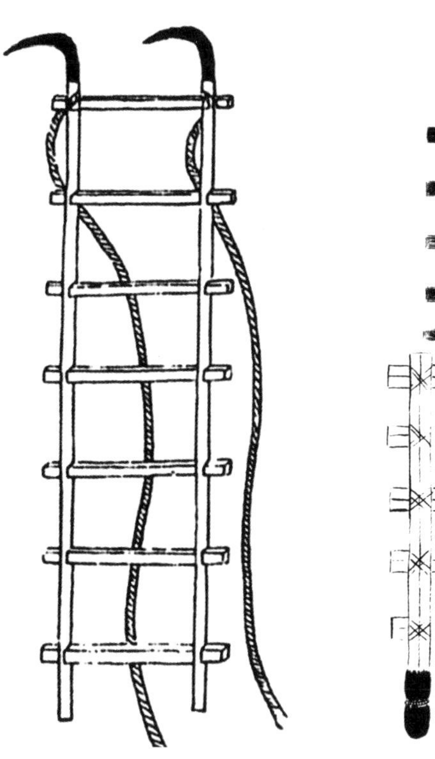

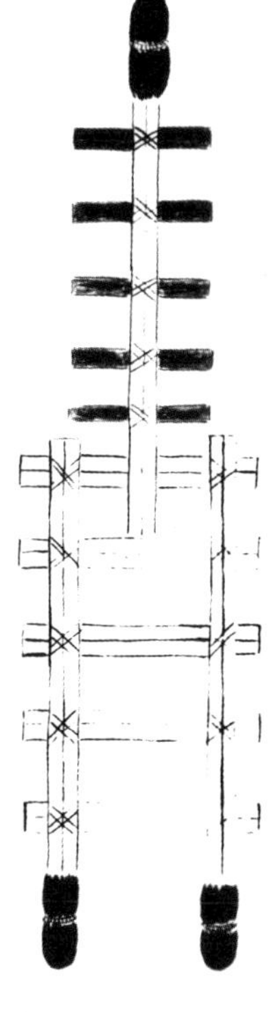

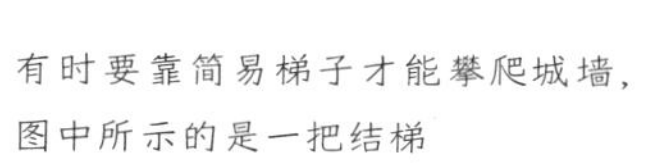

有时要靠简易梯子才能攀爬城墙，图中所示的是一把结梯

飞梯便于携带，能帮助忍者爬上内墙，把飞梯和结梯组装在一起就成了云梯

上有许多被称为“狭间”的射击孔，三角形的是铁炮射击孔，矩形的是弓箭射击孔。如果这些射击孔足够大，你甚至可能爬进去。如果射击孔不够大，最快的方法是用梯子、忍者刀或钩绳作为攀爬工具爬过塀。你或许可以用上文提到的工具凿一个洞，但塀通常很厚，凿洞非常耗时。

第四阶段：进入本丸

越过上面的塀后，忍者会进入城里一个完全封闭，可以被从各个角度监视的区域。位于中心的是大名御殿所在的本丸。本丸、二之丸、三之丸的修建方式，使每片区域被敌人占领后，都可以轻易地被从内部夺回。纵横交错的城墙和城门组成的迷宫保护着本丸，敌人在通往本丸的路上会完全暴露在姬路城守军的视野中。有二十一扇城门和迷宫般通道的姬路城，完美展示了这一原则。这种设计主要针对的是军队，而不是忍者，但结果并无不同。

二之丸和三之丸通常有复杂的防御系统，你需要为此做好准备。入口通常有两扇门。第一扇门是正门，第二扇门是内门，第二扇门与第一扇门成一定角度，而且通常是一栋二层建筑。攻击者进入第一扇门后，必须立即转弯再上台阶。如果是山城，由于地形，第二扇门可能高于第一扇门。

如果你的敌人觉得形势不妙，会立刻撤入天守阁，天守阁的结构同样复杂，而且很难进入。其外门是包铁厚木门，窗户用铁链锁住，灰泥墙很厚，不会被轻易凿穿。天守阁至少有三层，有时多达七层，但它们的外观通常被故意造得与内部结构不完全相符。首先，石头地基深处一般有地下室。其次，外部可见的楼层可能与实际楼层并不相同。

事实上，唯一的入城方法可能是使用阳忍忍术。例如，1559年，六角义贤的手下百百氏强占泽山城（后来的佐和山城）时，忍者首领伊贺崎道顺曾受命潜入泽山城。道顺偷了一只有百百氏家纹的纸灯笼，然后仿造了一些。随后，道顺和他的人提着这些假灯笼大摇大摆从前门入城，所有守卫都以为他们隶属于百百氏。顺利入城后，他们立即四处放火。他们的行动非常成功，守军还以为自家出了叛徒。

第五阶段：进入御殿

不过，如果你的主人和你的目标并非处于战争状态，那后者很可能还住在御殿，而不是天守阁。一旦你成功越过护城河、外墙和内墙，进入御殿会相对容易一些，因为它周围的墙壁和栅栏通常是灰泥或木头的，用忍者工具可以轻而易举地破坏——灰泥可以凿，木头可以锯。你也可以使用两种工具，比如先用坪锥在木栅栏上钻开小孔，再旋转坪锥让孔扩大，使孔刚好大到可以插入锯。御殿四周也可能围着数圈竹围栏，它们能有效抵御入侵者。如果忍者强行将它们拨开，天然的弹性会使竹条快速弹回合拢。解决这个问题的方法是在竹条之间放入一个无底的米桶，人蜷缩在米桶里滚过围栏。

上述这些方法很容易制造不必要的声响，所以越过墙壁或者栅栏可能是更好的选择。团队合作和高超的忍术都是必不可少的。不管是两个人、三个人还是四个人，都有跳过或翻过墙壁的技术。两个人的话，一名忍者踩在另一名忍者肩上，下面的忍者向前奔跑，他肩上的忍者看准机会跃过墙壁。三个人的话，两名忍者可以联手托住第三名忍者的脚，帮助他“飞”过墙壁。四个人的话，忍者甚至可以组成一个人形金字塔。足轻的长枪也可以被当作辅助跳跃的工具。

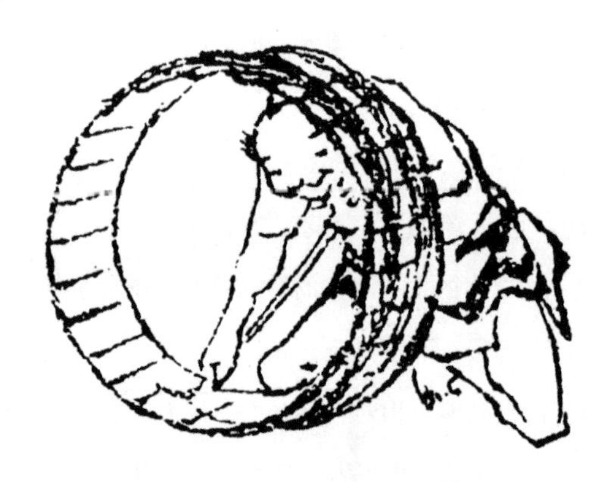

忍者可以借助无底木桶滚过竹围栏

越过墙壁或栅栏后，你会发现自己来到一个小花园，守卫会不时来这里巡逻。在这里，你可以躲在墙下的阴影里侧身行走，也可以躲在灌木丛里，或者躲在假山或石灯笼后面。但是要注意，大名住的屋敷一般高于地面，要经台阶和“缘侧”（屋外的木走廊）进入。你可以利用这种结构轻松爬到屋敷下面，藏在地板下寻找潜入的机会。

借助一种名为“引金”的听筒，你在屋外就能听到屋里的声音。你可以清楚地听到守卫的谈话，还能摸清他们的移动路线。屋子的大门可能没有上锁，你可以悄悄进到屋子里。如果门被锁住了，你可以在地板下挖一条隧道或者爬上屋顶揭开一两块瓦。你也可以用前文提到的开锁工具撬开锁，甚至直接破门而入。

一名忍者正准备进入房间，他先用灯笼照向屋内。注意！他的背后插着一把锯

第六阶段：如何顺利通过内部走廊和大门

进入大名宅邸后，你可以用上面提过的任何一种步法沿着走廊前行，接下来你要做的就是进入房间。大部分推拉门是所谓的“障子门”，也就是一种糊纸的木门。如果推拉门上了锁，你只需要用匕首在障了上戳一个洞，把手伸进去，打开锁扣即可。接下来你只要静静地走在房间里的榻榻米上就可以了，填充着稻草的

榻榻米能有效降低声音。

如果事先制订了详细的潜入计划，你就应该准确知道每个房间的功能。这个房间可能放着敌人的进攻路线图，那个房间可能保存着重要文书，另一个房间甚至可能藏有大量令人垂涎的财宝。其中一个房间必定是大名的睡房，他可能正在酣睡，完全想不到身旁竟会冒出一个黑衣忍者。高明的忍者能通过鼾声分析出大量信息，比如这个人是男是女，睡得多深，最重要的是，他是否在装睡。如果他在熟睡，你可以暂且无视他。但若是假睡，你就必须立刻处理掉他。有时你不得不采取恐吓手段来获取重要情报，这会让敌人知道你的存在。但如果这是获取情报的唯一途径，你就别无选择了，哪怕你很可能被抓住，遭受酷刑。

务必小心！忍者陷阱

实力强大而且精明的大名自然会想方设法确保居城的安全，以防敌人闯入或发动突袭。战国时代的伊贺上忍也会在自己的宅邸中设下重重陷阱。

首先要记住，城墙处有卫兵放哨。他们会仔细聆听周边的动静，以防有人试图潜入（或潜出）。1600 年，一些自称忍者的甲贺人试图进入高取城，但他们不小心弄出声响，因而被守卫发

这种火把是每个忍者最可怕的噩梦，因为当守卫怀疑有忍者在攀爬城墙时，他们会扔下火把照明。你要躲在阴影里，直到它们燃尽

现了。此外，你还要注意守卫从城上扔下的火把。不要试图去熄灭它们——这只会使你暴露，而且会使任务立即失败。相反，你要快速躲进阴影中，在那里静静等待，等到扔下来的火把燃尽后才能继续执行任务。但是要注意，花园、走廊、小径等的阴影处可能设有陷阱，你要多加小心。

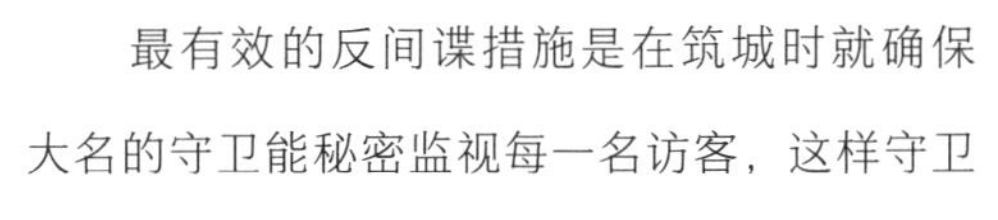

最有效的反间谍措施是在筑城时就确保大名的守卫能秘密监视每一名访客，这样守卫

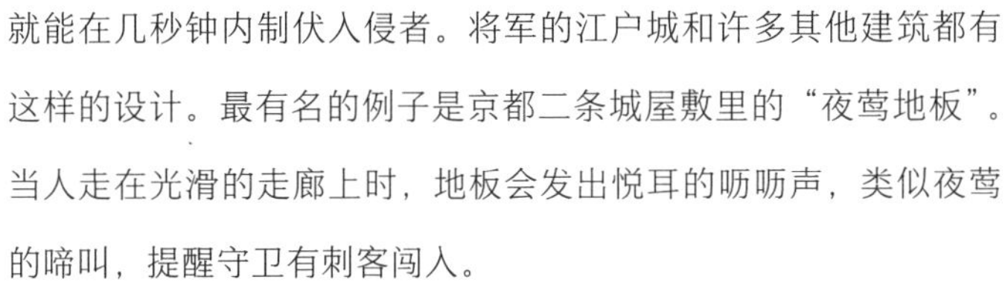

就能在几秒钟内制伏入侵者。将军的江户城和许多其他建筑都有这样的设计。最有名的例子是京都二条城屋敷里的“夜莺地板”。当人走在光滑的走廊上时，地板会发出悦耳的呖呖声，类似夜莺的啼叫，提醒守卫有刺客闯入。

大名接待访客的房间通常会布下防间谍装置。大名手边会有一块松动的地板，下面藏着一把刀。屋里可能还有一扇隐藏的天窗，一名守卫会一直坐在那里，一旦发现闯入者，就会“从天而降”。我甚至听说有人用壁龛来防范闯入者。你仔细瞧瞧壁龛里挂着的画，微风吹过时它是不是纹丝不动？如果是的话，画后可能藏着全副武装的守卫。

以下是三种常见的防间谍装置，把它们布置在屋敷内外就能抓住忍者。我会告诉你它们的原理，你必须知道怎么才能避开它们。

腨拂

这是一款“扫腿机”，利用的是竹子的弹性。一旦你的脚碰到绑着竹子的细绳，竹子就会立刻弹出，打中你的腿。它可能让你觉得守卫就在附近，你可能会下意识地逃走。但它的主要目的是让你发出痛苦的叫声，这样附近的守卫就会有所察觉。

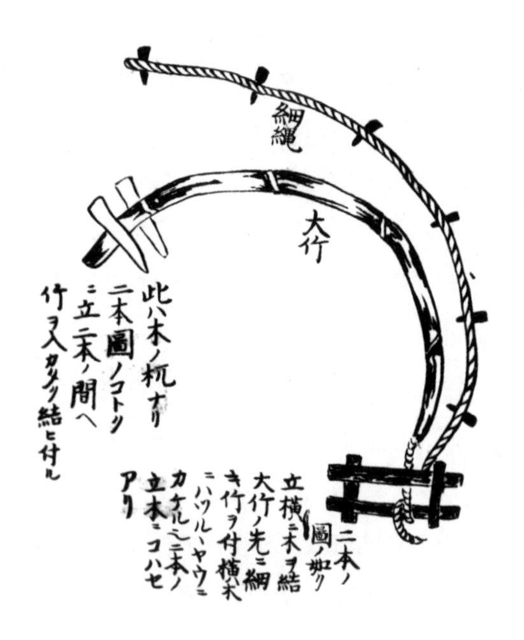

这种忍者陷阱使用的是有弹性的竹子，它会弹出，打中忍者的腿

钓押

这种陷阱是将重物悬挂在门或门框上，你可能会因为被绳索绊倒而触发它，重物会瞬间砸到你的头上，让你失去知觉，或者痛得大叫。

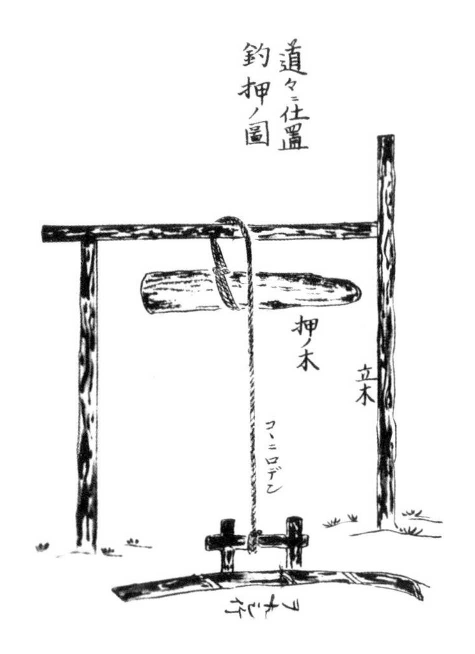

这是另一种忍者陷阱，忍者进门时可能触发机关，被重物砸到

特别提醒：走廊的陷阱

这是最简单，也最致命的陷阱。敌人只须将走廊里的地砖移走几块，在黑暗中经过这里的忍者就可能摔倒，有时甚至会摔断脚踝。我甚至听说有的地砖缝隙间还藏有毒针。

12

如何制造混乱

一旦进入屋敷，你就必须尽快完成任务。如果你的任务是带走一份机密文书，那你只要拿到它，然后迅速离开就可以了。但如果你的任务是制造混乱，那潜入只是开始。这也是忍者的重要作用之一——在毫无戒备的敌人当中制造混乱，不管你是在敌人的阵中还是城中。我们将考虑所有可能的情况。

如何在敌人的阵中制造混乱

与城相比，敌人军营的防御通常很薄弱，所以忍者的袭击可以取得很好的效果，有时甚至可以直接结束一场攻城战。在援军发动全面进攻之前，先派忍者潜入敌营大肆破坏，这样的例子在历史上屡见不鲜，我之前也提到过一些，如1487年的钩之战和北条家忍者发动的突袭。技艺高超的伊贺忍者在这些战斗中发挥了关键作用。

一个常见的策略是在敌军后方布置大量火把，让敌人误以为我方的援军已至，就像伊贺之战中泷野吉政在柏原城所做的那样。白天可以靠多打旗子来迷惑敌人。此外，还要充分利用天气，典型例子是1560年的桶狭间之战。到了晚上，忍者可以考虑找到敌人的马厩，把马放出来，这会引起巨大的混乱。一场小火灾会加剧恐慌，引发踩踏。当敌人将全部精力用在围捕马匹而无暇顾及其他事情时，忍者就可以随心所欲做自己想做的事了。

当然，忍者也可以伪装成敌军士兵。伪装的忍者会用暗号联系，这样就不会认错同伴。给惊慌失措的守卫下达些毫无用处的命令，会进一步加剧混乱。烧掉敌军将领所在的营帐会引起极大的恐慌，而且他永远不会知道到底是谁袭击了他！

如何在敌人的城中制造混乱

城的守备通常比军营更加严密，也更加有序，所以一旦你成功制造了混乱，就要立即最大限度加以利用。卫兵室里到处都是睡着的武士吧？学会团队合作，一组忍者将大型锁敲进门框，这样守卫就不能从内部打开卫兵室的门了。同时，另一组忍者可以打开前门，方便你的军队进入，并且可以为你之后的逃脱做准备。

忍者抓住一个女人并用刀威胁她

火是非常有用的。你可以踢翻院子里的灯笼，把未完全熄灭的余烬扔到茅草屋顶上。你甚至可以放火烧掉整座天守阁。它的内部是木质的，所以如果你从内部引燃，火很快就会烧起来。火光相当于向数里外的同伴发出的信号，表明攻击已经开始。你还可能用到炸药，这就是下面我要讨论的。

如何爆破

你可以尝试以一场大爆炸来结束一项任务，没有什么能比这更能让忍者满足了。火药是继忍者之后中国送给日本的另一份厚礼。和忍术一样，我们伊贺忍者也接受了中国人的发明，并将其发扬光大。我们的火器和炸药不仅仅能用于爆破！

简易燃烧弹

建筑物通常用土来防火，它本身并不容易被点燃。所以，忍者只能用燃烧弹来引发一场规模不大但能造成破坏的火灾。燃烧弹里不仅有火药，有的还装了蜡——这样它会燃烧更长时间。上文提到过，忍者可以从很远的地方把火箭射到敌人的城里。除此之外，技艺高超的忍者还可以潜入敌人的建筑，将燃烧弹精准地安置在能造成最大破坏的地方。有时忍者只需要把炸药装进小陶罐就可以了。还有一种巧妙的做法是用篮子做一个火球。这些柳条编的篮子比陶弹轻，有些还有钩子，可以钩住茅草屋顶。所有燃烧弹都有引信，你可以用忍者工具包里的火药盒将其点燃。有些燃烧弹很小，你可以随身带进城中。另一些则必须绑在手臂或者背上，但这会增加攀爬城墙的难度。

制造燃烧弹的方法如下：

（更高深的忍者技艺只能口授）

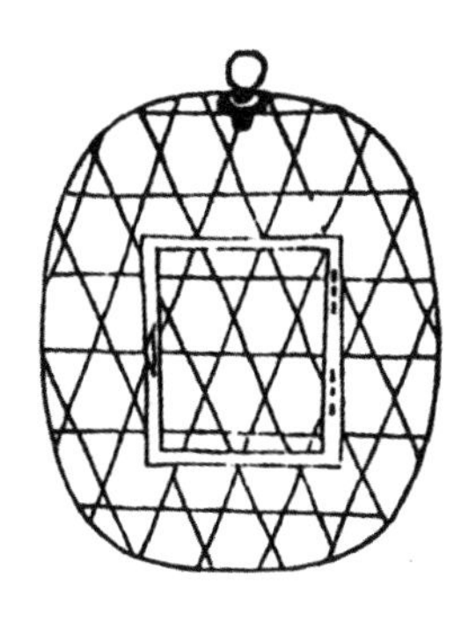

这是一个由稻草编成，内部塞满了可燃物的火篮，可以用它代替沉重的陶弹来发动火攻

中国人还会用到一种奇怪的、浓稠的油状物，这种物质会从地下渗出，看起来像液态沥青。据说这种黑色物质一旦被点燃，再多的水也很难将其熄灭，你必须用沙子才能扑灭它。多神奇啊！伊贺忍者发明了一种比它更高级的油，可以用来制造炸弹。它更轻，在点燃的瞬间会挥发出大量蒸汽。

制造这种油的方法是：

（更高深的忍者技艺只能口授）

捕火

除了燃烧弹，中国人还发明了一种名为“捕火”的爆破装置，其威力足以引发混乱。捕火的结构非常简单，由和纸和引信组成，里面装满了火药，爆炸时会发出巨大的响声，能够吓退敌人的马匹，可能还会吓到骑在马上的人。如果不单是为了制造巨大的声响，你还可以在火药里加入易燃物。洒向空气中的石灰可以灼伤敌人的眼睛。你还可以在炸弹里添加各种毒药，或者加入少许人类排泄物。如果你想对敌人造成伤害，还可以在火药中加入少量碎陶片或者几颗钉子。

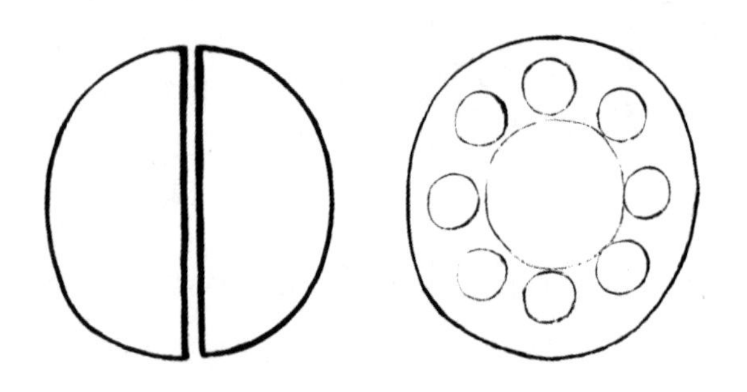

捕火爆炸时，外壳的碎片和炸弹内的物品会散落开来

禄火

禄火可以杀伤敌人，甚至破坏建筑物。炸弹爆炸时，外壳会

炸裂，碎片会对周围的人和物品造成巨大伤害。一些録火既大又沉，需要数人合力才能将其投掷出去，如1274年抵御元军时的情况一样。忍者当然无法用这么笨重的武器。他们用的録火要小得多，有些甚至一只手就能握住，欧洲人称其为“手榴弹”。点燃引信后，你要迅速将炸弹扔向敌人。引信的长度决定了炸弹爆炸前的预留时间，你可以利用这段时间逃出爆炸区域。在投掷前，你可以先拿着它转几圈，这样它能飞得更远。

火箭

火箭是中国的杰出发明。然而，火箭非常不稳定，因此对忍者的用处不大。忍者可能更喜欢使用火箭助推箭头。将一个小火箭绑在箭头上，点燃引信，小火箭就能让箭头飞得更远。使用这种箭，你可以从很远的地方点燃一座城。如果你离城稍近，那你可以在护城河边放置一个能同时射出几枚火箭的木架。

如何炸掉一座城

最困难的当然是炸掉整座城。虽然这可以掩护忍者逃跑，但这一戏剧性的举动极有可能成为全面攻城的前奏。一次大爆炸甚至可能迫使守军彻底放弃这座城。如果你能预测爆炸之后敌军最有可能逃亡的地点，那你就可以建议你的主人提前设下埋伏。当敌人到达埋伏点并庆幸自己躲过一劫的时候，你的同伴就可以一举击溃他们。此时你的主人就可以大摇大摆地进入没有守军的城

忍者可以使用小型手持炸弹，点燃定时引信，然后扔出，待其爆炸

并顺利接管它——如果大火没有彻底吞噬它的话。

单靠上面列出的这些爆炸装置很难摧毁一座城，你的任务更可能是去寻找城里的火药库（它可能在塔楼的地下室里）。不要试图当场放火点燃它，因为这对你来说太危险了。你可以把火药粉末撒成一条线，在远处点燃后尽快逃离，以免被接下来的大爆炸波及。

一名忍者正冒着箭雨带着获取的情报逃出城

如何成功脱身

完成任务后，你必须逃跑，但这并不简单，因为头脑清醒的大名必然会立刻派人寻找潜入的忍者。带走情报的危险性和潜入城中不相上下，因为一旦暴露，整座城的守军都会开始搜捕你。我必须再次强调，不管你多想战斗，也不管你多么看重个人荣誉，你都不能这么做，更不能切腹。相反，你必须想尽一切办法逃走。传递情报是忍者的使命。我已经描述过许多可以帮助忍者逃跑的装备，它们确实有用，但更明智的做法或许是不要立即逃跑，而是选择躲起来，直到危险过去。为什么不伪装成庭院里的一块石头，静待时机呢？不过，我听说过忍者在任务结束后试图藏在地

当你离城时，守卫会四处寻找你。这时你可以用柔术中的过肩摔对付手持武器的敌人

板下却不幸被发现的悲惨故事。有一次，他们被烟熏了出来。还有一次，警觉的守卫在房间里四处搜索，倾听是否有窸窸窣窣的声音，还用长枪刺穿地板，拔出长枪后观察上面是否有血迹，以此来判断忍者是不是藏在下面。

你可以从前门离开，但大多数城还有一些小门，这些小门只能从里面打开，因此它们对逃跑非常有用。你第一次入城时就要留意它们的位置，否则你就不得不爬下城墙并越过护城河。祝你好运！

13

忍者的生与死

✦

如何抓住忍者！

忍者足智多谋，比其他任何人都更善于隐藏、奔跑和攀爬。那么你怎样才能抓住一名忍者呢？这个问题可能让你大吃一惊。这本书的主旨当然是要告诉你忍者怎样才能成功完成任务，包括如何避开陷阱，如何不被抓住。但请思考一下，如果有人想雇用忍者（那些自称忍者的人！）来谋害江户城的将军，那该如何是好呢？他们的忍术当然不能与你相比，因为他们不可能是伊贺忍者，没有任何一个伊贺忍者会泄露自己学到的知识。但这些恶棍非常狡猾，他们很可能通过某些不正当的手段学会了忍术。他们可能自不量力地试图潜入江户城，目的是窃取情报或造成破坏和混乱。他们甚至可能企图暗杀将军！

作为忠心服侍将军的忍者，我们怎样才能发挥自己的作用并

在这幅画中，一个身着黑衣，似乎是忍者的人，试图杀死残暴的织田信长

事先采取措施来防备这种可能的暴行呢？答案就在本书中。你已经学会了如何做一名间谍，已经知道了如何潜入敌营和敌城，已经掌握了武术和忍术，现在你必须更进一步。再次仔细阅读本书，从帮助主人防范忍者的角度重新审视每个事例。我已经教过你如何躲避陷阱，你可以再想想应如何布置陷阱。我已经向你展示了如何用绳索越过护城河，你可以再思考一下怎么才能发现试图这么做的人。我不打算逐一解释这些问题，那可能需要我再写一本书。

你也可以利用学到的隐身术事先埋伏好，静待敌人前来。学会模仿鸟鸣和狗吠有时候可以使敌人放松警惕。你也可以试着伪装成灌木，或者藏在树洞里。另一个妙招是挖一个洞，藏在里面，用树叶盖住洞口。当敌人靠近时，你可以跳起袭击他。想象一下一队忍者同时做这件事的效果吧！

仔细研读这本书，你就能成为一名忍者。接下来你要做的是进一步精进你的忍术，通过训练自己抓捕一个像你一样聪明的忍者来提升自己的能力。这样将军就可以高枕无忧了。

求神拜佛

虽然忍者才能出众，身手不凡，但忍者的行事方式使其很难成为受欢迎的角色。许多人将惯于在暗中执行秘密任务的忍者视为异类，某些（自认为）高贵的武士视忍者为虫豸和鼠辈，因为他们觉得忍者的某些行为非常可耻。不幸的是，忍者在整个职业生涯中都不得不忍受这种轻蔑的态度，尤其在面对死亡时。本章将帮助你为那一刻做好准备。

最重要的是，忍者必须对神佛虔诚，我们必须仰仗神佛的保佑。他们会给予你帮助和支持，特别是当你身处险境时。日本是神的国度，神明无处不在。当你顺利完成任务后，记得问问当地有哪些神明，向他们的神社贡献祭品。当地的神明会惩恶扬善。当你在江户时，不要忘记供奉德川家的祖先，每逢新年要去他们

忍者是不受欢迎的人。被一个看不见的守卫用刀刺穿身体，可能是忍者能期待的最高贵的死法

的神社祭拜。你也可以去原宿的稳田神社祈祷，那里供奉着 1582 年帮助德川家康逃跑的英勇的伊贺忍者。

一些神明正保佑着伊贺和伊贺忍者。最重要的当然是太阳女神、日本皇室始祖天照大神。还有一些神明是忍者的守护神，求他们保佑会给你带来勇气和好运。伊贺的主要神社是敢国神社，里面供奉着守护这片土地的大彦命、少彦名命和金山比咩命。即使在遥远的江户，你也不要忘记祭拜敢国神社。伊贺的花垣神社供奉着服部家的祖先，这座神社对忍者来说也非常重要。油日大明神曾在战场上帮助过圣德太子，因此别忘了祭拜油日神社。稻

稻荷神是一位神明，她会回应忍者的祈祷和贡品

荷神也会保佑忍者，记得献上龟壳和鹿皮，你会受到她的青睐。你也必须尊重供奉山神的小神社，山神会保护虔诚的人。

结印是伊贺忍者的独门绝技，它可以帮助忍者随时随地获得神明的力量。这套秘术被称为九字印。结印能够催眠敌人，让对手变得懒散，同时使忍者大幅提升自身的力量。每个手印都有一个汉字名，分别是临、兵、斗、者、皆、阵、列、在、前。在发出声音的同时，忍者会在空中挥舞手臂，就像挥舞一把刀一样，最后会以一个象征佛陀永恒智慧的手势结束。结印可以帮助忍者在身体周围布下看不见的结界，使其免受邪灵的侵害，并最终赶走敌人。当你准备越过护城河或进入御殿时，这样做可以帮助你保持平和的心态。

✦

如何消失

即使成了仙，活了一千岁，你还是会有寿终正寝的一天。与高贵的武士不同，你将默默无闻地死去。人们只会记得你是江户城的忠诚守卫，而不会知道你其实是一名忍者。

你可能早就接受了这一切。你肯定也知道，即便当你收刀入鞘，开始享受平静的退休生活之后，你也不能言及往事，因为你在接受完忍者训练之后就曾发誓要把秘密带进棺材。如果有人问

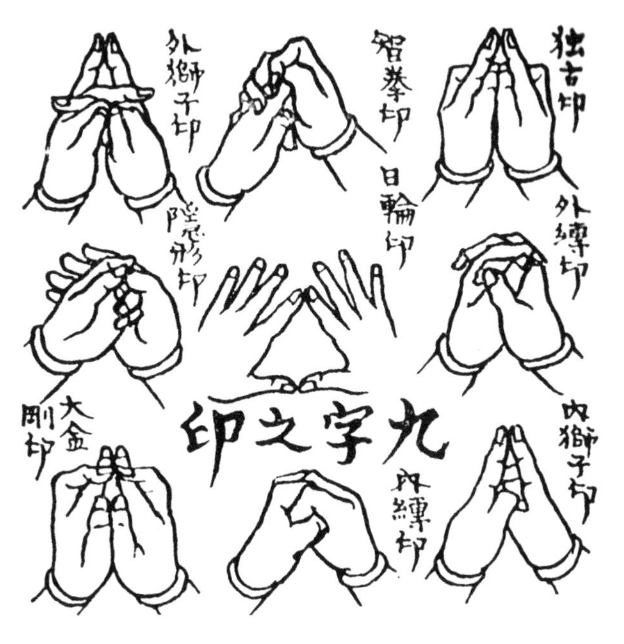

九字印是由双手完成的九个结印手势，它可以保护忍者并迷惑敌人

起，去马尼拉和西班牙人谈判重开贸易一事的结果如何，你只能回答一无所获。但其实只有你自己清楚，你是如何接近西班牙人，吃他们难吃的食物，参观他们的教堂，只是为了趁机观察他们的防御工事，为入侵做好准备。其他人可能听说了日本北部某个叛乱大名的居城发生了一场离奇的爆炸，但只有你知道这场爆炸的真相，以及它的实际影响。

最糟糕的是，当人们和你谈论起忍者时，不管是他们听过的历史故事，还是他们看过的低俗的歌舞伎表演，你都只能给出一

即使成了仙，你也绝不能泄露忍术的秘密

个听起来合理的回答：“啊，是的，这可真是一个好故事，但是你知道，忍者并不存在。”

也许这才是本书最困难的地方：如何处理你在同世界上最伟大的战士并肩作战时学到的知识，以及你必须否认自己的存在。

14
一个忍者卷轴的示例

完成训练后，大师会给你一个卷轴，用来证明你已经是合格的忍者。卷轴上会写着类似下面这样的文字，它会提醒忍者不要忘记自己肩负的使命。

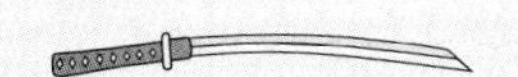

以天照大神、金山比咩命、春日大明神、油日大明神和敢国神社的无数神明之名：

[姓名]

已完成规定的忍者修行，有能力使用忍术，特此证明并认可其成为忍者，并承担起与此荣誉相称的重大责任。

[姓名]

向天照大神、摩利支天、八幡大菩萨等无数神明起誓，他永远不会泄露自己所学忍术，否则他的脏腑将被埋于城墙之外，躯体将被投入深海之中，成为鱼食。

兹于 __ 年 __ 月 __ 日，__ 年（生肖年），亲手密封。

愿众神诸佛保佑！愿神佛惩处所有恶徒！

（封印）

伊贺流忍者大师

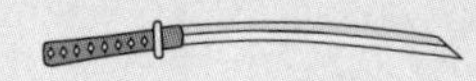

年　表

587 年　圣德太子利用忍者平定物部守屋之乱

1185 年　坛之浦之战爆发，此后日本建立了第一个幕府

1274 年　元军征日

1336 年　楠木正成战败自杀

1467 年　应仁之乱爆发，日本进入战国时代

1541 年　伊贺忍者袭击了笠置城

1560 年　织田信长赢得桶狭间之战

1568 年　足利义昭成为将军，他是室町幕府最后一位将军

1573 年　武田信玄去世

1578 年　上杉谦信去世

1579 年　织田信长首次入侵伊贺

1580 年　伊贺忍者袭击兵部大夫城

1581 年　织田信长二度入侵伊贺

1582 年　本能寺之变爆发，织田信长自杀身亡；山崎之战爆发；德川家康经伊贺返回领国

1584 年　伊贺忍者袭击荒山城

1585 年　伊贺忍者用火箭引燃千石堀城的火药库

1590 年　德川家康开始营建江户城

1591 年　丰臣秀吉统一日本

1592 年　日本侵略朝鲜

1598 年　丰臣秀吉病逝

1600 年　以伏见城之战为标志，关原之战爆发

1603 年　德川幕府建立

1615 年　德川军攻占大坂城

1638 年　岛原之乱爆发

1639 年　德川将军颁布锁国令

1676 年《万川集海》成书

1679 年《伊乱记》成书

1789 年《忍秘传》成书（推测于该年成书）

1854 年　美国军舰叩开日本大门

1868 年　明治维新拉开序幕

关于历史上的忍者的说明

不用说，从来没有一本名为《忍者秘宝馆》的书，不过确实有许多忍术书诞生于和平的德川时代。这些作品道出了一个普遍的真理：在世界历史上，敌对的双方一直利用间谍从事谍报、渗透活动。这些间谍通常不受欢迎，他们执行的任务顶多被认为是必要的恶。在詹姆斯·邦德出现之前，似乎只有日本人试图把这些从事秘密活动的特工塑造成英雄。他们最终塑造的无疑就是忍者。不过，这个形象不能被简单看作20世纪60年代电影业的发明，一些关于伊贺忍者的夸张故事可以追溯到17世纪初。

这些故事成了这本忍者训练手册的创作背景。与泰晤士及戴德生出版社的“非官方手册”系列的其他作品一样，本书的内容完全取材于历史上关于这个主题的真实作品。我模仿一位虚构的忍者大师的口吻写下了本书，而他是以两个真实存在过的人物为原型。一个是伊贺学者藤林保武，他在1676年创作了著名的忍者手册《万川集海》，目的是记录下关于间谍和渗透的古老知识，以防它们在和平的年代被人彻底忘记。或许他也是为了讨好当时的德川将军，使幕府能够独享这些秘密技艺，我试图在本书中用略显奉迎的口气来暗示这一点。

忍者大师在本书中的部分个人观点也反映了当时另一个很有影响力的人物的真实看法，他就是菊冈如幻。他是《伊乱记》的作者，这本书记录了1579年到1581年间的两次天正伊贺之乱，带有强烈的倾向性。菊冈对伊贺和伊贺的忍者遗产非常自豪，因此本书的这位虚构的忍者大师才会坚持认为只有出身伊贺的人才是真正的忍者，伊贺流是独一无二的忍术流派，只有出身伊贺并且世世代代在江户城为将军效力的人才会使用忍术。此时战乱已经平息，潜入敌城等古老的忍术已无用武之地，忍者做的是更普通的情报收集工作，比如监视犯罪嫌疑人等。

我们虚构的忍者大师认为，忍者古已有之，发源地正是伊贺。而伊贺在忍者的历史上扮演了独特角色的坚定信念一直延续至今。时至今日，伊贺和与其相邻的甲贺依然在为哪里才是真正的忍者圣地争论不休（不过比以前温和得多），所以本书中大师对甲贺或任何其他竞争对手的藐视在历史上是真实存在的。此外，大师生活在笃信神佛的时代，因此本书体现了对神佛的强烈信仰。忍者当然也是人，也受到人类自身条件的限制。因此，虽然迷信的人普遍将忍者视为奇能异士，认为他们有超能力，但在执行任务前，身为人类的忍者通常会先向神明祈祷，然后才依靠自己的才智渡过难关。

这本书只有一处不符合史实的地方，即将“忍者”这两个字读作“ninja”，而不是在历史上更常见的“shinobi no mono”。前者直到 20 世纪 50 年代才被广泛使用。在此之前，这些浪漫而神秘的战士通常被称为“shinobi”，而“ninja”的使用可能只是因为西方人更容易发这个音（在日本，词义比发音更加重要）。现在这两种读法都很普遍。

本书的整体风格旨在模仿成书于 17 世纪的日本三大忍术书《万川集海》《正忍记》和《忍秘传》。忍者大师的这部新作被定位为一个世纪之后创作的绝密文书，意在超越所有前作，不过他还是勉强承认了它们的价值。这三部重要的忍术书都将重点放在秘密行动上。它们都是令人着迷的作品，都对中国的经典兵书推崇备至，而且都包含了许多可以用于收集情报的古怪而奇妙的技术和工具。就像我在这部虚构的忍术书中所写的一样，它们的许多章节都以“更高深的忍者技艺只能口授”这类故弄玄虚的句子作结。这些书中同样充斥着一种装腔作势的道德说教语气——我在本书中也试图模仿这种语气。

这些古老的忍术书中部分极富想象力的篇章证实了对忍者和他们的能力的夸大已有几个世纪的历史。因此，我只介绍大师及其同时代人所知道的武器和装备，只使用当时的画就足够了。事实上，对于这个主题，我已经不需要再夸大其词了。毕竟早在四百年之前，忍者就已经被人为地夸大了！

插图来源说明

本书所有插图都可以在我的图片库“日本档案馆”(www.stephenturnbull.com) 找到。本书绝大多数图片来自我个人收集的日本木版印刷书及其他印刷品，少数插图由我的好友兼合作者詹姆斯·菲尔德所画，摘录自我们共同撰写的儿童读物《真实的忍者》(*Real Ninja*, Golden Lion Books, 2008)，对此我深表感激。

延伸阅读

想要获得更加详细的书单，请参阅我的《忍者揭秘》（*Ninja: Unmasking the Myth*, Frontline Books, 2017），那本书包含了日语和其他语言的关于忍者和忍术更加全面的参考书目。如果只是为了休闲，我推荐《忍者来袭！关于刺客、武士和恶党的真实故事》（*Ninja Attack! True Tales of Assassins, Samurai and Outlaws*, Tuttle, 2010），作者是依田宽子和马特·阿尔特。书中的故事可能不全是真实的，但没有哪一本英文书像这本书一样展示了忍者在日语书中所呈现的古怪形象，目前这类日语书还没有被翻译成英语。我本人的《忍者揭秘》是以五年的研究（受到三重大学忍者研究项目的资助）为基础写成的。这是日本以外第一本把忍者作为一种文化现象，并对忍者加以全面描述的书。古老的三大忍术书已经由安东尼·卡明斯和南吉家（音译）翻译成英文，分别是 *True Path of the Ninja*, Tuttle, 2010（《正忍记》）、*The Secret Traditions of the Shinobi*, Blue Snake Books, 2012（《忍秘传》）、*The Book of Ninja*, Watkins Press, 2013（《万川集海》）。

至于日本的研究，三重大学设立忍者研究项目后，现代的日本忍者研究取得了长足进步。两部颇受欢迎的作品已被翻译成英文，这两本书的电子版很容易取得。它们分别是山田雄司主编的《新万川集海》（*The Ninja Book: the New Mansenshukai*, Mie University, 2014）和《忍者的精神》（*The Spirit of Ninja: A Study of the Global Ninja Craze*, Mie University, 2014）。

即使不懂日文，你也会喜欢——读完本书后也能够理解——下列日文书中关于各式各样忍者装备的大量插图和知识。你能从日本亚马逊网站买到它们。这里我只给出书名:《伊贺·甲贺忍者大全》(《伊賀·甲賀忍びのすべて》)、《忍者和忍术》(《忍者と忍術》）和简洁而精美的《忍者读本》(《忍者読本》)。同样值得推荐的还有山田雄司编辑的《忍者·忍术超秘传图鉴》(《忍者·忍術 超秘伝図鑑》)，这本书同时介绍了动漫中虚构的著名忍者。

《忍者之国》（忍びの国）是一部现代的忍者电影，发行过英文版（名为 *Mumon: Land of Stealth*），想必你会喜欢。这部电影以天正伊贺之乱为背景，集历史与喜剧为一身，电影里投掷手里剑的忍者比现实中的忍者夸张得多。不过这部电影讲述的不是真实的忍者，而是人们想象中的忍者——正如本书。

出版后记

由于中日间活跃的文化交流，中国读者对频频在日本的文学和影视作品中登场的忍者并不陌生，《忍者乱太郎》《火影忍者》等动漫作品中的忍者形象更是深入人心。然而，这些文学和影视作品所展示的似乎无所不能的忍者是真实的吗？历史上的忍者又是怎样的存在？英国知名历史学家斯蒂芬·特恩布尔，通过对江户时代的忍者手册，尤其是《万川集海》《忍秘传》和《正忍记》的出色研究，叙述了忍者的历史，还原了从古代到战国时代再到江户时代的真实的忍者形象，揭示了忍者生活的方方面面。总而言之，这本妙趣横生的小书将告诉你关于忍者的一切。

服务热线：133-6631-2326　188-1142-1266

服务信箱：reader@hinabook.com

后浪出版公司

2021 年 5 月

图书在版编目（CIP）数据

忍者 /（英）斯蒂芬・特恩布尔著；江川译 . — 广州：广东旅游出版社，2021.12（2023.6 重印）
书名原文：Ninja: The (Unofficial) Secret Manual
ISBN 978-7-5570-2592-2

Ⅰ . ①忍… Ⅱ . ①斯… ②江… Ⅲ . ①武士—研究—日本 Ⅳ . ① K313.03

中国版本图书馆 CIP 数据核字 (2021) 第 191937 号

图字：19-2021-181 号
审图号：GS（2021）4810 号

出 版 人：刘志松
著　　者：［英］斯蒂芬・特恩布尔
出版统筹：吴兴元
编辑统筹：方　宇　张　鹏
责任校对：李瑞苑
装帧设计：墨白空间・李国圣
选题策划：后浪出版公司
译　　者：江　川
责任编辑：方银萍
特约编辑：方　宇
责任技编：冼志良
营销推广：ONEBOOK

忍者

RENZHE

广东旅游出版社出版发行
（广州市荔湾区沙面北街71号）
邮编：510130
印刷：天津雅图印刷有限公司
字数：138千字
版次：2021年12月第1版
定价：52.00元
开本：787毫米×1092毫米　32开
印张：7
印次：2023年6月第2次印刷

后浪微信 | hinabook

筹划出版 | 银杏树下

出版统筹 | 吴兴元 | 编辑统筹 | 方　宇 张　鹏
责任编辑 | 方银萍 | 特约编辑 | 方　宇
装帧制造 | 墨白空间 · 李国圣 | mobai@hinabook.com
后浪微博 | @后浪图书
读者服务 | reader@hinabook.com 188-1142-1266
投稿服务 | onebook@hinabook.com 133-6631-2326
直销服务 | buy@hinabook.com 133-6657-3072

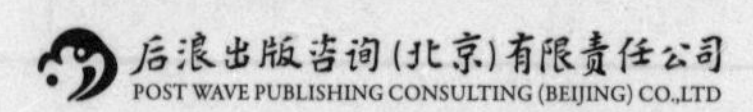